村上和徳

突き抜ける経営

The Breakthrough Management

自滅する社長の選択

TAC出版

プロローグ〈まえがきに代えて〉

いま、日本は長年続いたデフレスパイラルから、ようやく脱出しようとしています。デフレ時代には、悲観的な意見が大勢を占め、日本人の多くは自信を失い、夢も小さくなり、リスクを負わず、とにかく現状維持に意識が向いていました。

特に2007年のサブプライムショック以降は、過酷なまでの円高も加わり、それまで日本経済を支えてきた製造業は、品質で勝っても為替で負けるという状態に陥っていました。

そういったデフレスパイラルに加え、2011年には東日本大震災が発生し、原発の問題も加わって、生命、生活を守ることに必死にならざるを得ませんでした。

そんな日本にも、ようやく明るい希望の光が射してまいりました。

これから数年の日本経済を考えると、まずは金融経済が回復し、次に実物経済が活性化されます。そして、最後に人々のデフレ心理が払拭され、経済が立ち直ります。半数くらいの人が疑心暗鬼で「まだまだ俺の生活には実感がないなあ」と思っていたり、タクシーの運転手さんが「例年よりちょっといいくらいかなあ」と言われている時期が一番のビジネスチャンスです。

経済成長が確実視されるようになると、結果としてインフレ目標は達成されることになるでしょう。その段階まで進むと、ビジネスのうまみは半減し、逆にリスクは増大します。

本書を手に取られた読者さまには、日本経済再生元年の今こそ、追い風に帆を張って全速前進の号令をかけていただきたいと存じます。いかなる経済状況にも負けない経営の本質をとらえ、実践していただくための一助となれば、幸甚に存じます。

本書では、経営の本質に立脚しながらも、それを戦略、実行計画にまで落とし込むことにより、本質から実践まで一気に道筋をつけました。

その両輪がそろってこそ、どんなときにでも負けずに勝ち続ける組織になるのです。

よく経営学では、スタートアップ期、成長期、成熟期、衰退期という分類をします。理屈では合っていても、経営の実践にそのようなものは存在しません。あるのは、自分の会社は成長しているのか否かだけです。

そして、成長しているとしたら、まぐれで成長しているのか、それとも勝つべくして成長しているのかということです。

数年間にわたって増収増益を達成している会社というのは、飛行機で言えば、離陸して雲を抜けて成層圏へ突き抜けた状態です。

しかし、儲かったり儲からなかったりという不確実性の高い会社は、いつまでも雲のなかでもがいていて、安定飛行へ入れない状態なのです。

飛行機も離陸するときには、全力でエンジンをふかして、とにかくフルパワーで加速します。そうして、ようやく離陸を果たして、地表から2000メートルあたりの下層雲と、2000メートルから7000メートルあたりの中層雲の、二層の雲を突き抜けて上昇気流に乗ります。そうしたら、ぐっとパワーを落として、半分くらいのエネルギーでスーッと上がっていきます。
もし、フルパワーをそのまま持続してニューヨークまで飛んでいこうと思ったら、ハワイ沖あたりで燃料が尽きてしまうでしょう。

一〇〇メートル走でも同じです。金メダリスト、ウサイン・ボルト選手は、とにかくトップスピードに乗るまでに全力を込める。そうして、トップスピードになったら、体を預けてスーッと行くだけ。そうすると、また微妙に加速していき、最後はきれいに脱力をしていれば世界一になれると話されました。

同じように経営もトップスピードに到達するまでは、全力でやり切らなければなりません。もちろん、突き抜けるまで苦しくないかと言ったら、苦しいに決まっています。しかし、そこを乗り越えれば、あとは風に乗っていけばいいのです。

何十年もやっていてまだ安定成長期に入っていない企業、経営者が朝から晩まで働かないとおっかなくてしょうがない、「今日の仕事」にばかり追われているというのは、下層雲のなかでもがいていると言わざるを得ません。

今までは突き抜けようと思って懸命に働いても、円高が邪魔をするとか、がんばってもがんばっても税金や運輸コストが高くて黒字化しづらい積乱雲のなかという経営環境でした。それが今、変わりつつあるのです。

ぜひ、視界が晴れつつある今年中に突き抜けていただきたいと思います。とにかく、全力で一年間駆け抜けてみてください。それによって、成層圏へ突き抜ければ、ずっと経営は楽になります。

では、どうすれば勝つべくして勝ち続ける組織になるのか、それともまぐれ勝ちで終わってしまうのか、果ては自滅してしまうのか。それは、経営者が常勝組織へと生まれ変わるために決断することにかかっています。

□いつも社長が主役になろうとしてはいないか
□「今日の仕事」が経営者の仕事の8割を占めていないか
□社員にモチベーションが足りないと言って叱っていないか

□意識が低いと言って気合で乗り越えようとしていないか
□がんばれば必ず成功すると信じていないか
□社員教育をすべて現場のＯＪＴ任せにしてはいないか
□社長の仕事がデスクワークと夜の営業に偏ってはいないか
□高額な飲食代を、浪費ではなく必要経費と思い込んでいないか
□商品力もしくは低価格性だけで勝とうとしていないか
□よいモノは必ず売れるという幻想を抱いていないか
□安かろうがなんだろうが、とにかく売れれば勝ちと思っていないか
□お客様の笑顔のためにやるべきことより、うまくいきそうなことを選んでいないか
□効率や結果ばかりを考えてしまい、理屈抜きに具体的な行動をとることを忘れてはいないか

これらのことに心当たりがおありなら、下層雲のなかでのまぐれ勝ちであり、突き抜けていない経営です。

自滅する選択をしないためには、商品を磨き上げるのと同じくらい、「売れていく仕掛け」を作ることが大事なのです。この両輪があって、商品は売れていくのです。それは営業マンを鍛えること、マーケティングの仕組みを作っていくことにほかなりません。安ければ売れる、流行だったら売れるといって、売ればいいというのは戦略とは言いません。お客様の笑顔をこしらえる仕組みが営業戦略です。それがないとこれからの時代は突き抜けられません。

本書ではそういったこと一つひとつをケーススタディを軸に検証していき、経営の本質と実践について述べていきます。

あらゆる失敗は、成功に向かう第一歩です。一つひとつの問題の本質を正しく把握し、できるサイズにして片づけていきます。行動は必ずしも成功をもたらさないかもしれませんが、行動のないところにけっして成功は生まれません。

センタリングを本書で蹴り上げます。突き抜けるためのシュートを思い切り打ち放ってください。

村上 和徳

プロローグ〈まえがきに代えて〉……3

第1章 闘将の志

崖っぷちからでも這い上がる経営マインド

脱・属人的経営
将として恥ずべきことは、自分がいないと回らない会社を作ること。
未来への投資の時間を作り、組織としての経営の質を高めよう……26

優先順位
経営者が取り組むべきは、緊急だが重要ではないことより、
重要だが緊急ではないことが先。緊急性を帯びる前に手を打とう……30

チームマインド
人間の成功は、所属する集団によって95％決定づけられる。
チームマインドに常に気を配る……32

脱・モチベーション経営とサーバント・リーダーシップ
「Have to」でやる仕事はつらい。だから、モチベーションが必要になる。
仕事を「Want to」でできれば、社員は喜んで自発的に動くようになる …… 36

プラス行動
モチベーションが成果を生むのではない。
成果獲得のためのプラス行動こそが成果を生む …… 40

ミッション
ミッションとは、会社の社会的使命、存在意義。
一〇〇万通りの言葉の中から、全員が共有できるフレーズを選び抜く …… 44

ビジョン
ビジョンとは、期限つきの夢。
ミッションへ向かうためのマイルストーンだ。
サイズにこだわらずにたどり着くべき地点と期限を決める …… 48

バリュー
バリューとは、守るべき価値。お客様と交わす約束だ。
「〜する／〜しない」という動詞止めにする …… 50

第2章

風を読む

これからの10年の経済潮流

メガネ・虫眼鏡の視点②
色めがね、色虫眼鏡で見ていないか？「眼横鼻直」であるかを常に疑おう……86

第3章

ビジネスの仕掛け

ゼロから1を作らなくてもイノベーションは起こせる

イノベーションとは
無から有を作ることだけがイノベーションと思っていないか？
今あるもののテイストを変えて増殖させるイノベーションで成功する……90
市場を制するルール
ビジネスゲームのルールは突然変わる。常にルールの変化に気を配ろう……94
ゲームのルールを変える発想力
技術力で勝る日本がなぜ事業で負けるのか。
ゲームのルールを変えた者だけが勝つことができる……98

実行のスピード
変化することの恐怖を克服し、即座に行動に移す。実行スピードにこそ勝利のカギがある……102

仮説の見直し
戦略の見直しでカイゼンをはかるか。前提条件の見直しでイノベーションを起こすか……106

経験価値の発想法
モノの改良を考えてばかりでは新しい発想は出てこない。経験価値から考えることでイノベーションは起こる……110

集客戦略のイノベーション
斬新な集客戦略を打ち立てよう。見込客づくりの工夫で勝つ……114

ビジネスモデル
したたかに稼ぐ。顧客への提供価値はわかりやすく、収益構造は見えづらく……118

タ－ゲティングの真価
「誰の笑顔を作るか」はっきりと絞り込めば、明確に魅力を打ち出せる。強固なビジネスモデルを築こう …… 122

アリに学ぶ
実は、怠け者のアリがイノベーションを起こしていた。「今日の仕事」を休んでみよう …… 126

第4章

顧客価値

「よいモノを作れば売れる」というのは幻想にすぎない。お客様は見えないところを感じ取る

顧客価値
経営者にとって、価値とは顧客価値以外にない。顧客創造と顧客価値創造に、できる限りの時間を割こう …… 132

結果価値／プロセス価値
自社の商品価値をあなたのお客様仕様にしてみよう。お客様は、見えないところを感じ取っている …… 136

機能的価値／情緒的価値
顧客に商品性能を押しつけない。会社独自のUSPで勝負しよう……140
現実的価値／政治的価値／戦略的価値
営業活動で提案する相手は誰か。
訴えかける価値を使い分け、最適なアプローチを考案する……144
真の顧客心理
人間の欲求を地の果てまで追い求め、
それを満たす工夫こそがビジネスである。
顧客の「不満・不安・不足」「欲しい・嬉しい・やってみたい」は何か？……148
顧客リピートを高める
顧客の期待どおりの価値ではまだ足りない。
リピート率を上げるのは、顧客感動経験と忘れられない工夫……152
売れる理由
購買動機となる物差しは価格、機能、簡便性の三つ。
だが、圧倒的な魅力を打ち出せば、一点突破で勝つこともできる……156

表現の魅力化
顧客価値＝商品価値×魅力化。
どうしても欲しくなる衝動を顧客に与えよう …… 160
売れる売り方
作れば売れる商品などない。「売れ筋」と「売れる売り方」があるだけ。
ストーリー、ネーミング、キャッチで商品を魅力化せよ …… 162
連続性を生む
あなたのビジネスに連載マンガはあるか。
連続性と忘れられない工夫が、顧客をとりこにする …… 166
購買意思決定のサポート
わかりやすさは重要だ。
顧客が購買をやめようとするような商品提案をしてはいないか …… 168
ブランド化
ブランドのない顧客価値は劣化する。
ブランドとは「サービスの個性」であり、「顧客との約束」である …… 170

第5章

経営戦略

どうやったらお客様から支持され続けるかの一点のみを考える

経営コストの使いみち
経営コストは三つ。時間・お金・エネルギー。これを何に費やすか、しっかりと見極めよう……174

時間投資戦略
本質的な課題に時間を費やす。勝てることを、できるサイズにして、他者ができない量までやり遂げる……182

売り場で勝つ
工場で勝てる時代は終わった。マーケティングと現場の営業力で勝負は決まる……186

間違いだらけの営業戦略
属人的努力至上主義は戦略にあらず。顧客観察でチャンスをつくる……190

マーケティング力×営業力＝成果
自然界の英知を学び、戦略と実行手段を組み合わせる …… 192
営業力とは
「売る力」＝販売力だけで勝てる時代は終わった。
マーケティングで「売れてく力」を強くする …… 194
生涯顧客化
おいしい料理を作る前に、
お腹がぺこぺこに減ったお客様をテーブルに座らせる …… 198
顧客を営業マンに変える
あなたの最高の資産は、既存クライアント。
ディズニーランドのお客様は、最高の営業マン …… 200
「売れる売り方」の手法
リスクや不安、疑念…
顧客心理にフォーカスし、「買わない理由」を一つひとつ取り除く …… 202

本当の顧客情報
本当に必要な顧客情報は、キーマン、ニーズ・ウォンツ、予算、タイミングの四つ …… 204
顧客台帳経営
江戸商人が大火から命がけで守ったのは、商品ではなく顧客台帳。情報資産を蓄える …… 208
捨てる勇気
我が社に必要なものを考える前に、不必要なものは何かを考える。捨てた後に残ったものを、ピカピカに磨き上げる …… 210

第6章 実行計画

「できることをやる」は当たり前、「勝てることをやる」

成功の4要素
目標を決めて、戦略を立てる。アクションに落とし込んだら、入るまでシュートを打つ …… 216

第 1 章

闘将の志

崖っぷちからでも
這い上がる
経営マインド

将として恥ずべきことは、自分がいないと回らない会社を作ること。未来へ投資する時間を作り、組織としての経営の質を高めよう

経営者には2つの欲求があります。1つは、自分がいちいち指図しなくても仕事を回していける会社組織になってほしいという欲求。もう1つは、全社員が自分を頼りにしてくれて、経営者のコントロールを外れることなく仕事をしてほしいという欲求です。あなたも、この2つの二律背反する思いを抱えて、日々経営に向き合っていらっしゃるのだと思います。そこに経営というものの難しさがあるのではないでしょうか。

経営者がいないと回らない会社というのは、属人的経営の会社です。経営者の個人的

力量以上の仕事ができない会社になります。なんのために会社という組織を作ったのかに立ち返ってみてください。一人では成しえないことを、みんなの力で達成しようということが出発点にあったはずです。

属人的経営の下では、組織内の仕組みも属人的になります。

たとえば、会社の売上や利益が上がらないとき、それを成績の悪い一個人の責任にしてしまいます。全体の業績が悪いときでも成果を出す人は出します。それを理由に、業績の悪さは全体の仕組みが悪いせいではなく、悪い個人がいることにしてしまうのです。できない人にすべての責任を押しつけ、名指しして「お前がチームマインドを冷やしているんだ。モチベーションが足りないからだ」とレッテルまで貼ってしまいます。

これでは社員をダメにするだけで、人を育てられない会社になってしまいます。一部の成績のよい社員が会社を去ると、途端に会社は傾きます。

また属人的経営の下では、経営者が「今日の仕事」ばかりこなさなければならなくなります。そうしないと、部下が動けないからです。それでは経営者は「未来への投資」

はおろか「カイゼン」のために使う時間までなくなってしまいます。

将として恥ずべきは、自分がいないと回らない会社を作ってしまうことです。いちいち経営者の顔色を見てご意見をうかがわないと仕事が進まない組織にしてはいけません。

反対に、リーダーとしてもっとも誇らしいことは、自分がいようがいなかろうが、ちゃんと会社のミッション・バリュー・ビジョン（ＭＶＶ。後述）を遂行できるチームを、自分の手で作り上げることです。

経営の質を高めるというのは、すべての社員が会社のＭＶＶを理解し、それに向かって主体的に仕事を進めて、会社が回っていくようにすることです。組織自体の意思決定力が上がり、事業が発展していくことにつながります。

社員が主体的に仕事をする会社は、サーバント・リーダーシップで動いています。部下が最大限の成果を上げられるように、チームの仕組みを整えるリーダーシップです。

誰が社長をやっているのか一般には知られていなくても、あるいは社長が変わっても、ずっと儲かり続けている会社があります。たとえば、スリーエムやボーイング、シーメンス。これらの会社はサーバント・リーダーシップで動いている会社です。

そんな組織を作り上げるために、経営者が「仕事断食」をすることをお勧めします。いわゆる断食というのは、ただごはんを食べないということではありません。食事を断っている間に体内でよい変化が起こることに期待して行うものです。

「仕事断食」も同様に、休暇をとるわけではなく、「今日の仕事」をしないということです。「今日の仕事」を経営者はせずに、「未来への投資」の時間に充てるのです。

たとえば、会社の目先の仕事を社内のいつものメンバーと相談したり指図したりするのを控えて、普段、時間がなくて会えないすばらしい人の話を聞きに行ったりします。新しいことをインプットして、自分の中で熟成させ答えを導き出す。つまり、経営者たったひとりで考える時間を作るのが「仕事断食」です。

そうして、自分が本当にめざすべき組織はどういうものなのか、どうしたらそこへ向かうことができるのかを、一度自分に問いかけてみてはいかがでしょうか。

経営者が取り組むべきは、緊急だが重要ではないことより、重要だが緊急ではないことが先。緊急性を帯びる前に手を打とう

経営者が、取り組むべき経営課題の優先順位を考える際、重要性と緊急性という2つの軸があります。重要かつ緊急な課題というのは、営業戦略の決定や顧客クレーム対応です。これは最優先でやらなければならないものです。一方、重要性も緊急性も低いものは、優先順位としては最後になります。

では、重要性があるけれども緊急性は低いものと、緊急性はあるけれども重要性が低いもの、どちらに先に取り組むべきでしょう。

経営者にとっての正解は、緊急性は低くても重要性が高いものが、先に取り組まなけ

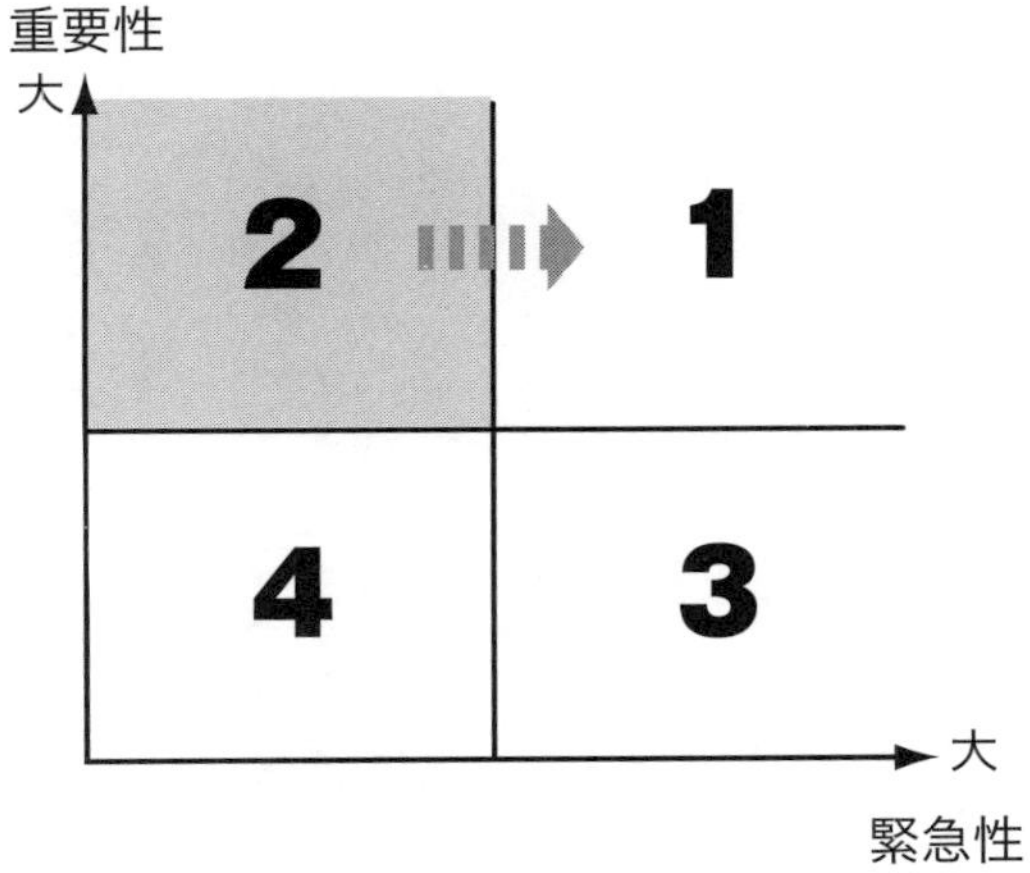

ればいけない課題です。重要なことというのは、今の時点では緊急ではないだけで、放っておくと必ず重要かつ緊急な課題になるからです。

本来ならば、経営上の重要課題の判断ほど、十分な時間をかけなければいけないはずです。それが緊急性を帯びると時間を限られてしまいます。緊急になった時点で、本当はもう遅いのです。

「未来への投資」と「カイゼン」に時間を使うことが、重要課題に早期に取り組むことにつながります。緊急性を帯びて、「今日の仕事」になる前に手を打つのです。

人間の成功は、所属する集団によって95%決定づけられる。チームマインドに常に気を配る

緊急性が低いために後回しにされてしまうことの多い重要な経営課題の大きなテーマに、コーポレートカルチャー、つまりチームマインドの醸成があります。チームマインドとは、組織の中に入った人がどういう気持ちで働くかというテーマです。

人間の成功は所属する集団によって95%決定づけられるということを証明したのはデビッド・マクレランド、ハーバード大学の教授です。

たとえば、中学時代はたいした選手じゃなかったのに、甲子園で優勝するような野球

部に入ると、それなりに仕上がってくるというようなことがあります。

ある人が所属する集団をレファレンスグループ（準拠集団）と言いますが、今、私たちは日本というレファレンスグループに所属しているから日本人の心理で仕事に向かうことができます。これが、もし朝起きたら北朝鮮にいたということになったら、今と同じ気持ちで仕事に向かうことはできないでしょう。

つまり、レファレンスグループによって、個々人の仕事に向き合う気持ちは変わってきてしまうのです。

チームマインドは、3つに大別できます。コンサバティブマインド、アグレッシブマインド、グロースマインドです。

コンサバティブマインドとは、ひと言で言えば「事なかれ主義」です。ルールがとにかく大事で、前例がないことは決してやらないというお役所マインドのようなものです。

アグレッシブマインドとは、仕事は勝つためにやっていて、絶対に負けてはいけないという、いけいけどんどんのチームマインドです。

このようなチームに所属する個々人は「俺が年間売上成績1位をとる！」というようなマインドを持ち、目標数値を達成できないのは悪だという考え方をします。そのため、ネガティブな側面も持っており、個人の目標・成績が最重視される属人的組織となる傾向もあります。

グロースマインドとは、自己実現と会社のミッション・ビジョン・バリュー（MVV）が合致して、ご機嫌で働くことができる集団の持つマインドです。『プロジェクトX』や『ビジョナリー・カンパニー』で描かれているチームが持っているようなマインドと言えば、わかりやすいでしょうか。これが理想的なチームマインドです。

つまり、経営者としては会社全体がグロースマインドを持てるかどうかということに、常に気を配り、次の項目で紹介するサーバント・リーダーシップでチームマインドを形成していくことが、重要課題となるのです。

「Peple who feel good produce good results.」と言って、ご機嫌で働ける社員はよい結果を生むのです。とにかく昨日よりも今日、社員をご機嫌で働かせられるように気を配るようにしようということです。

実行すべきこととしては、たとえば一番がんばってくれた人には、こんなに成果を上げてくれたということで表彰したりすることが挙げられます。

ただし、縁の下の力持ち的な部署もあります。完璧に仕事をしても、なかなかほめられるような華々しい結果が表れない部署で仕事をしている人たちには、感謝の気持ちを表す「感謝カード」を渡すようにしたりするのはどうでしょう。

どの部署に所属していても、平社員でも中間管理職でも、あらゆる社員がご機嫌で働くことのできるチーム環境を作るために、リーダーがいくつかの工夫を仕掛けていくといいでしょう。

組織としてのマインドがご機嫌で前向きな方向に設定されていれば、社員はその空気にのって仕事をすることができるようになります。

これを作り上げることが、重要課題のひとつです。

「Have to」でやる仕事はつらい。だから、モチベーションが必要になる。仕事を「Want to」でできれば、社員は喜んで自発的に動くようになる

「モチベーション経営」を信奉してはいないでしょうか。営業マンの活動にせよ、工場の工員の作業にせよ、とかくモチベーションの有無が成果を左右するのだと考える経営者がいます。そのため、どうすれば社員のモチベーションが上がるのか、高く保てるかに苦心しています。

モチベーション経営は、あまたのビジネス理論と同様に、欧米から日本に輸入された概念です。明治維新から、そして敗戦後はなおさら、欧米型のビジネス社会を目指してきた日本ですから、この理論を疑う人は多くはないでしょう。

しかし、欧米と日本とでは社会の成り立ちが違うことに注目すると、少なくとも日本には、モチベーション経営はそぐわないのではないかと、私は考えています。

欧米の社会は権利社会、契約社会です。そのため、欧米のビジネスパーソンは賃金という対価を得る契約にもとづいて、仕事をし成果を出すという意識を持っています。自分本位の損得で働く社会です。

旧約聖書にも、楽園で暮らしていたアダムとイブが「善悪の知識の実（リンゴ）」を口にした罪によって、働かなければいけなくなったとあります。働くことは、欧米人にとって「楽園」ではないのです。罪の償いなのです。

つまり、欧米人にとって仕事とは、我慢してでも「やらなければならない（Ｈａｖｅ ｔｏ）」ことなのです。そういうスタンスで仕事と向き合うから、つらい、楽しくない、喜びがない。そうすると働きがいを何かほかに探さなければいけなくなります。だから、モチベーション、つまり働く動機づけとして昇給・昇進やバカンスなどが必要になります。モチベーション経営は、そんな欧米社会の土壌から生まれた理論なのです。

一方で、日本の社会は古来から信用社会・絆社会です。仕事に打ち込むことで、お客様の笑顔が見られる。会社の一員という絆で結ばれた組織の中での信頼が得られる。仕事という「道」を極めることを通して、なりたい自分になっていくのだという意識があります。仕事がそのまま、生きる喜び・生きがいへつながる社会です。日本人は、元来働くことが好きでもあります。

ですから、「Ｈａｖｅ ｔｏ」ではなく、「やりたい（Ｗａｎｔ ｔｏ）」で働くことができる土壌が、日本社会にはあります。

モチベーションというテーマで経営と向き合う一番の弊害は何かというと、成果が上がらない、本気になれない理由をモチベーションのせいにしてしまう、言い訳にするということです。「Ｗａｎｔ ｔｏ」で働ける日本の社会、日本の会社に、モチベーション経営の理論を取り入れる必要が、はたしてあるでしょうか。

社員が「Ｗａｎｔ ｔｏ」で「ご機嫌」に仕事をすることができるようにするためのリーダーシップが、「サーバント・リーダーシップ」という奉仕型のリーダーシップです。

普通、社長は「自分はこうだ」ということを、社員に知らしめて、全社に浸透させようとします。いわば自分本位型のリーダーシップです。

しかし、サーバント・リーダーシップはそうではなく、社員の「Ｗａｎｔ ｔｏ」を徹底的に知ることから始めます。社員の望んでいることを把握し、理解しなければなりません。会社のミッション・ビジョン・バリュー（ＭＶＶ）は、会社全体の「Ｗａｎｔ ｔｏ」をみんなで共有するためのものといっていいでしょう。全員の共有度を高めるために、会社のＭＶＶを磨き上げるのです。

そうしてご機嫌に働けるようになれば、社員は自発的にＭＶＶのもとで動き出すようになります。

社長がいなければ社員はどうすることもできず仕事が回っていかない会社か、社長がいようがいなかろうがちゃんとミッションを遂行できる会社か。リーダーとして、最も誇れるのは、やはり後者ではないでしょうか。

社長も含めた全員が、いきいきとご機嫌に、自分の意思で仕事に打ち込める組織集団。それが「脱モチベーション経営」がもたらす会社の姿です。

モチベーションが成果を生むのではない。成果獲得のためのプラス行動こそが成果を生む

モチベーションがあるから成果が生まれる、モチベーションがないから成果が出ない、というのは大きな誤解です。プロフェッショナルは生きがいとして仕事と向き合っているため、モチベーションに頼りません。

心臓外科医が「今日はモチベーションが上がらないから、手術はやらないでおこう」なんていうことはありません。イチロー選手が「今日はモチベーションが上がらないから練習をいつもの半分で切り上げよう」ということはまずもってありえません。モチベーションがあろうがなかろうが、そんなこととは関係なく、成果を出す人は出すのです。

成果にはモチベーションが不可欠と考える人の理論は、モチベーションがある人はプラス思考になる、プラス思考で考えて行動するから成果が上がるというものです。しかし、成果を上げるための入口には、プラス思考もモチベーションも要らないのです。

トップ営業マンと、何年にもわたり成績が振るわない営業マンとを比べて分析したことがありますが、実際のところ、営業成績の悪い営業マンのほうがむしろモチベーションは高い場合が少なくありません。やる気はあるのに、それが空回りして、成績が振るわないという営業マンが多いのです。

では、トップ営業マンは何が違うのかというと、営業行動のプロセスです。

トップ営業マンは、顧客を笑顔にするための営業行動プロセスを体得しているのです。顧客は「こういうことをしてくれる人だから、この人に頼もう」と思うのです。

つまり、成果を出すために必要なのは、「成果獲得行動」であって、モチベーションではないのです。行動を変えることが成果につながるのです。

たとえば、朝8時に起きている営業マンに、2時間早めて6時に起きるように仕向けます。早起きするように気合いを入れてやる必要はありません。とにかく目覚ましを6時にセットして起きるという行動をとらせるのが重要です。

同じ行動を続けるなかで、モチベーションだけを高めたとしても成果は変わりません。それよりも、2時間早く起きることを1週間続ければ習慣になります。

夜に2時間、惰性で飲み屋に行っていた時間が、仕事前の2時間に変わると、生産的な行動を生みます。その行動は成果につながります。そうして、はじめて人間の意識は変わります。

成績が振るわない営業マンの行動を、トップ営業マンの行動に近づけるだけで、実際に成績がぐっと上がるのです。私は、この方法で何人もの営業マンがトップセールスへと進化を遂げたのを見てきました。

つまり、社員に与える必要があるのは、モチベーションではなくプラス行動です。プラス行動が成果を生みます。成果が上がれば、自然にモチベーションは上がり、プラス思考になります。それがさらに次のプラス行動を生むというスパイラルが起きるのです。

トップ営業マンは、顧客を笑顔にするための営業行動のプロセスを工夫します。その結果が売上となるのです。これが成果獲得行動です。そしてトップ営業マンは、売上とともに、お客様からの「ありがとう」とか「ご苦労さん」とか「助かった」という感謝の言葉をいただきます。それがモチベーションとなって、また、成果獲得行動を起こし、行動の量も増えていくのです。


経営者として、もし社員のモチベーションをどうやって高めたらいいのかと悩んでいらっしゃるのでしたら、それは、今日からやめていただきたいと思います。

成果を出すためには、プラス行動、つまり成果獲得行動が必要条件なのであって、モチベーションを高めたからといって、経営者が理想とするパフォーマンスを社員は上げられません。

それよりも、成果を獲得するための具体的な行動を教えて、実際に行動を起こさせることが重要なのです。

ミッションとは、会社の社会的使命、存在意義。一〇〇万通りの言葉の中から、全員が共有できるフレーズを選び抜く

経営とは挑戦です。そして「わが社は何に挑戦しているのか」を具体的な言葉で表すものが、会社のミッション（Ｍｉｓｓｉｏｎ：社会的使命）、ビジョン（Ｖｉｓｉｏｎ：期限付きの夢）、バリュー（Ｖａｌｕｅ：守るべき価値）です。この３つ、合わせてＭＶＶは「経営の志」とでも言うべきものです。

自分ひとりでは成しえないことを達成させる。そのために、人を集め、会社という組織にし、みんなでチャレンジするのです。

そこには、時代の変化、顧客の変化、競合の出現など、さまざまな克服しなければい

けないハードルがあります。それさえもチャレンジング・ストーリーの一環としてクリアしていき、結果、夢を現実にする成功物語を作っていくのが経営です。

ところが、「何に挑戦されていますか」と聞いても、「よくわからない」という答えが返ってくることがよくあります。答えが返ってきても、社長が言っていることと、社員が言っていることがバラバラだったりします。

「なんとなく今年も乗り切った、来年もなんとか乗り切ろう」といった、挑戦課題を明確に持っていない、その場しのぎの経営です。

本気の経営というのは、会社としての挑戦課題が明確になっており、その課題に戦略を立てて立ち向かっていくことです。それには、会社のMVV(ミッション・ビジョン・バリュー)がきちんと言葉で明確に示されており、それを経営者はもとより、社員も共通認識として持っていることが絶対条件です。

会社のMVVがあり、楽しみながらそれに挑戦し、達成するというストーリーがあってこそ、本当の経営をしていると言えるのです。

ＭＶＶは、会社という「法人」に、志・魂を入れるために定めるものです。これがなければ、会社の仕事は、常に社長にこまごましたことまで判断を仰がなくては進められないことになってしまいます。それでは属人的経営の会社、社長の気分しだいで方針が変わり、万が一、社長が亡くなったらそれでおしまいの会社になります。

そうならないために、経営者が中心となって会社のＭＶＶをきちんと作り、法人のマインドセット（上位概念）を定めることが必要なのです。

では、あなたの会社の目的はなんでしょうか。なんのために存在しているのでしょうか。なぜ人に集まってもらって会社という集団組織にしたのでしょうか。そこには、なんらかの社会的使命があったはずです。だから、会社にしたはずです。

会社の目的、存在意義、社会的使命を「ミッション」と言います。お寺で言えば本尊にあたるもので、これがなければ、経営者も社員も、何のためにこの会社で仕事をしているのか、わからなくなってしまいます。

たとえば、三人の人間が工事現場でセメントをこねていたとします。何をしているのか尋ねたところ、Aさんは、「見てのとおり、セメントをこねているんだよ」と答えました。Bさんは「日当8500円で働いている」と答えました。Cさんは「日本の新しいシンボル『スカイツリー』をつくっています」と答えました。

つまり、Aさんは作業の種類について言い、Bさんは仕事をしている理由について言ったわけです。その中で、Cさんが言ったことこそ、その仕事のミッションです。おそらく、この三人の中で、Cさんだけは、瞳をキラキラ輝かせ、汗をかきながらも一生懸命仕事をしていることでしょう。

ミッションは、その会社に属する全員が共有し、その使命のもとで仕事を遂行できるものでなければいけません。そのためには、美辞麗句である必要はありません。経営者であるあなたが、本気で思っていることを書き出し、自分の思いに一番しっくりきて誰にでも伝わる言葉を、100万通りのフレーズの中から選び抜いてください。

そのフレーズを250文字以内でまとめ、簡潔に1分間で人に話せるようにすること。そうしてはじめて、会社のミッションができ上がります。

ビジョンとは、期限つきの夢。ミッションへ向かうためのマイルストーンだ。サイズにこだわらずに、たどり着くべき地点と期限を決める

会社のMVV（ミッション・ビジョン・バリュー）の中で、ミッションが100年後も追い続ける「目的」である一方、ビジョンは、目的へ向かうためのマイルストーン、「目標」です。

かつて、徳島池田高校野球部の蔦監督は、甲子園で優勝した際、インタビュアーから「目的が達成されましたね」と言われました。それに対し蔦監督は、甲子園で優勝するのは「目標」だと、そして自分の「目的」は高校野球を通して健全な高校球児を育成することだと答えたそうです。これが、目的＝ミッションと、目標＝ビジョンの違いです。

ビジョンは、たどり着くべき地点に加えて、その期限が明確にされていなければなりません。某大手旅行会社の会長は、こうおっしゃったことがあります。

「『いつかハワイへ行こう』では、いつまでたってもハワイにすら行けない。『今年のGWにハワイへ行こう』という言葉にして、はじめてハワイに行ける」

ビジョンは期限つきの夢であることが肝要です。そして、マイルストーンですから、実現しそうもない大きなサイズの夢より、一定の期限内に、そこまで全力で向かうことのできる夢のある目標であることが重要です。


ビジョンには、あやふやな夢を確固としたイメージに変えて実現させる力があります。かつて松下幸之助氏は、若い新婚社員の「カラーテレビを置くと寝る場所がなくなる」という声を聞いて、半分のサイズのテレビを作れと言ったそうです。当時、テレビの小型化を進めていた開発者たちは、どうやったら5センチ小さくできるかに頭を悩ませていましたが、松下氏の言葉で発想をまったく変えることになりました。商品のビジョンが社員の意識を転換させ、そして結果としてそれは実現したのです。

バリューとは、守るべき価値。お客様と交わす約束だ。「〜する／〜しない」という動詞止めにする

バリュー（Ｖａｌｕｅ）とは、会社が守るべき価値です。行動規範と言ってもいいでしょう。バリューは伝わりにくいものですが、非常に重要なものです。

ある程度の事業規模の会社でバリューを決めるために議論をしていただくと、「コンプライアンスの徹底」といった声が必ず挙がります。たしかにコンプライアンス＝法令遵守は大切です。しかし、これでは現場での行動に落とし込めません。「今日もコンプライアンスを守るぞ」と気合を入れて仕事と向き合うのはとても難しいからです。

バリューとは、「牝牛の皮の中でも最もキメの細かい一部分のみでバッグを作る」というように、会社が提供する顧客価値を守るために、行動を律するものです。つまり、「たとえ法律的には合法であっても、顧客のためにそれはやらない」、「法令の基準以上のことをやる」というように、会社が自らに課すルールです。

バリューは、お客様との約束です。とどのつまり、ブランド・エクイティ（ブランドが約束する価値）につながっていきます。

バリューを決めるときは、会社が本気で大事にしていることをまず挙げます。そしてミッションやビジョンと同じく、１００万通りもの言葉の中から、それを伝えるのにベストなフレーズを選び、磨きをかけ、２５０文字以内でまとめます。

その際、必ず行っていただきたいことは、バリューは必ず「～する／～しない」という行動のための言葉で書くこと。行動に移せることが重要です。「法令遵守」とするよりも、「決してお客様に嘘はつかない」という言葉にすることで、初めて行動規範として実戦可能なフレーズになるのです。

崖っぷちでの立ち居振る舞いこそ、経営者の真価が問われる。MVVを胸に秘め、前後裁断して戦い抜く

経営者とは、戦国時代で言えば「殿」です。「との」とも読みますが、「しんがり」とも読みます。

「しんがり」は、敵に全面を囲まれ八方塞がり、さすがにこれは負け戦だというときに、自分が敵を塞き止め、その間にみんなを逃がします。企業経営に照らし合わせれば、資金繰りの責任、お客様のご不満に対する最後の責任など、法人の全経営活動の最終責任を取ることです。

経営者は、平時はでくのぼう、昼行灯でもいいのです。

会社のＭＶＶ（ミッション・ビジョン・バリュー）を社員が遂行しているのを、おおらかに見ている。それがひとたび事が起こったときに、獅子奮迅の活躍をする。それが経営者の理想の姿です。

ここぞというとき、社員は誰を頼るかといったら、最終的に社長以外にはありえません。またお客様も、社長が正念場で事態とどう向き合っているかを見ています。

崖っぷちでこそ、その立ち居振る舞いに注目され、真価を問われるのが、経営者という職業なのではないでしょうか。

私も、崖っぷちの経営者の方とともに修羅場をくぐってきました。

そのとき、どうやって乗り越えてきたかというと、飯塚保人先生に教えていただいた「前後裁断」です。これは「前と後ろの際《きわ》を断ち、瞬間瞬間、いまここをしっかりと生きるということ」です。「前後」、つまり過去と未来はあるといえども、頭から切り離して今この時だけに集中するという禅の教えです。

とかく、過去を見ては、危機的状況を生んでしまった原因を悔やんでばかりいたり、未来を見ては、先行きの暗さにネガティブなことばかりを考えたりしがちです。

しかし、過去や未来を見ているということは、「今」が手薄になっているということ。今を懸命に生きずして、未来があるわけがありません。

とすると、やるべきことはただひとつ。今、自分にできる限りの打ち手を、今日できるサイズにして、精一杯の行動をするしかないのです。

それで会社が立ち直ればよし。ときには、力及ばずの状況になることもあります。本当に立ち行かなくなったときには、負けを認めるのもやはり経営者の仕事です。会社の意思決定権者として、幕を引かなければならない場面もあるやもしれません。しかし、それは決して恥ずべきことではありません。

ただし、崖っぷちで会社の存続をどうすべきか考えるとき、今一度、会社のMVVと照らし合わせて考えてください。はたして、これで諦めていい事業なのか、そうではなく、会社組織のかたちを大きく変えてでも追いかけるべきミッションなのか。

そして、追いかけ続けるべきMVVだと思うならば、たとえ今の会社の体《てい》は消滅することになったとしても、その思いと社員とともにまた立ち上がればいいのです。

一度は倒産し会社を失った後に、会社のミッション、そして思いを同じくする社員とともに復活し、同じ事業領域で成功を果たした経営者もたくさんいらっしゃいます。

どうやっても行き詰まり、どうしようもない状況になってしまったら、反省すべきところは反省し、社会的にお叱りを受けるところは受け、それでもくじけずに自分の掲げたミッションに挑戦していく経営者。

経営者がそうやって再び立ち上がれるのは、その事業のMVVに共鳴し、事業に取り組む姿勢を支持し続けてくれる社員、お客様、仲間がいるからこそなのです。

たとえ、一時は敗軍の将と呼ばれたとしても、自分のミッションさえ捨てなければ、その失敗は経営者の物語の途上の一節でしかありません。失敗を糧に、改善をして、そこから再び立ち上がればよいのです。

ミッション・ビジョン・バリューは、失敗を学習に変える特効薬なのです。

第2章

風を読む

これからの10年の経済潮流

経済を読むには五つの物差しを持て。天体望遠鏡、望遠鏡、双眼鏡、メガネ、虫眼鏡。これを使い分ける

経済潮流を読むためには、５つの物差しを使い分ける必要があります。

一つ目は天体望遠鏡。これは人類の歴史のはじまりから現在、未来を見るための物差しです。本書では、文明法則史学の創始者・村山節先生の八〇〇年周期説で見ていきます。今の状況が人類の歴史の中でどういったところに位置するのか、そこから今後の歴史はどういった流れをたどるのかを考えます。

二つ目は、望遠鏡。向こう30年の経済の流れを見ます。本書では、４つの大きな海流について解説し、世界がどういった流れにあるのかを見ていきます。

三つ目が、双眼鏡。5年から10年先を見ます。

四つ目が、眼鏡。向こう1年くらいを見るもので、最後五つ目が、虫眼鏡です。今週というような近視眼的なものから、せいぜい3か月くらい先までを見ます。

この5つの物差しを使って、この章ではこれからの経済潮流を見ていきます。

経済というものをひとつの海のようなものだとすると、船が会社、その船長が経営者にあたります。上手に航海をし、無事に目的の港にたどり着くには、海流と風を読み航路を見極めながら、船長は船を動かして進まなければなりません。

海には、黒潮のような潮の流れである海流と海面があります。この海流が向こう30年のトレンドで、それを読み解くのが望遠鏡です。

そして、海面を見ていくのが双眼鏡で、これから先の5年から10年、日本がどういった方向へ進むのか、何を意識に置いて経営していけばいいのかを解説します。

最期に眼鏡・虫眼鏡です。会社が日々、何に注意して経営をしていけばいいかを解説します。

今は、パラダイムシフトの真っ只中。確実なものなど何一つない。混沌とした50年を経て、東洋優位の時代がやってくる

西暦2000年を境に、それまで西洋優位だった文明・文化が、東洋優位に変わったという説があります。これは、西暦前3600年から現代に至るまでの年表を作ってみたところ、800年周期で東洋と西洋の間で覇権が移動しているという、文化法則史学の創始者、村山節先生の八〇〇年周期説に基づいています。

西暦前400年から西暦400年までの800年間は、ギリシア、ローマを中心とした西洋が栄え、次の西暦400年から1200年まではササン朝ペルシアや唐、元など東洋が栄えました。西暦1200年から2000年までは、その中心時点である

1600年に東インド会社が設立されて金融資本市場の原型が生まれ、産業革命や第一次・第二次世界大戦など、西洋がずっと世界をリードしていました。

それが、西暦2000年を境として、今度は東洋がアドバンテージを握る時代に入ったというものです。

実際、西暦2000年前後に、アメリカではいち早く産業の空洞化が起こり始めました。自動車やハイテクといったアメリカを支えてきた産業コモンズの大半が、アジアに移動したのです。生産拠点が移動するということは、優秀なエンジニアの知識や技術が移動し、イノベーションが起こる現場も移動したということです。

それまでは、近代化とはアメリカ化だと言っても過言ではないほど、文明・文化すべてにおいて、アメリカは世界をリードをしてきました。アメリカ人のようにジーパンをはき、アメリカ人のようにコーラを飲み、アメリカで作られた音楽を聴き、映画を観る。それがかっこよく、みんなのあこがれだったのです。

おおむねのルールはアメリカが基準となっていたというのが、この100年でした。

ところが、今はもう違います。部分的には、まだアメリカが覇権を持ってはいますが、絶対ではなくなってきたのです。

かといって、村山先生の説によれば、すぐに東洋が強力なアドバンテージを握るのかというと、そうではありません。東洋の時代に入ったものの、西洋との差が最も開くのは400年後です。

800年周期の境目である今の時代は、東洋と西洋との力の差がほとんどない状態です。2000年から2050年までの50年間は、混沌の時代なのです。

どこの誰がどの分野で、これからの100年をリードすることができるか、誰にもわかりません。3年先にもトップ企業で居続けられるかどうかは、今をときめくアップルだって確信を持てないでしょう。

一寸先は闇か光かわからない。そのなかで、みんな必死にやっているというのが現状ではないでしょうか。

村山節先生の八〇〇年周期説

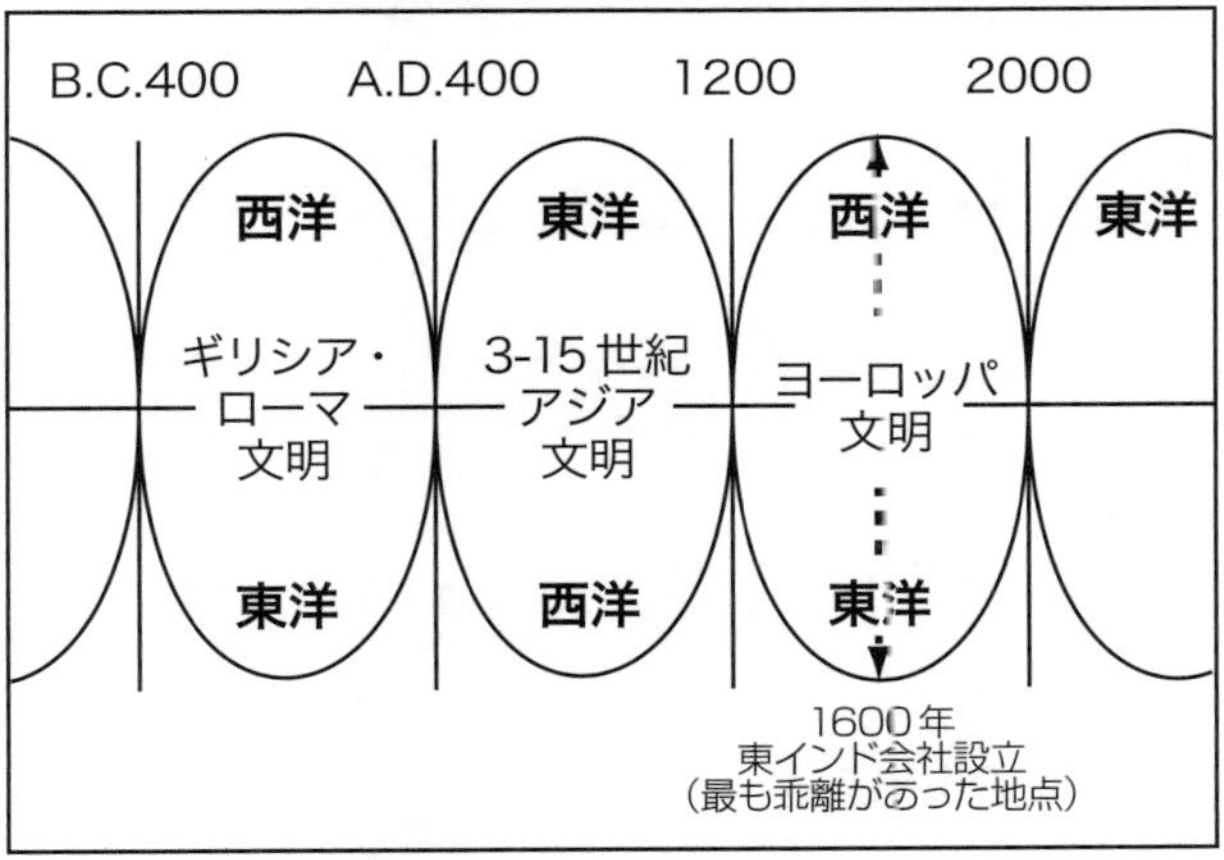

つまり、天体望遠鏡の視点で押さえていただきたいのは、パラダイムシフト真っ只中で、誰が次の覇権を取るかまったくわからない時代に、我々は人生の旬の時期を迎えているということです。この覇権がシャッフルされる50年を学者はどのように表現しているかというと「不確実性社会」と言っています。

確実なものがない社会だからこそ、きちんと潮流を読んでいく感覚が必要です。それには、世の中が変わっていく方向性を世界的視野で見ていくこと。そして、経済からだけでなく、人々の生活の所作から消費者心理を見ていくこと。5つの物差しの使い分けが必要です。

望遠鏡　不確実性社会で確かに起こること①

人口統計は嘘をつかない。長寿化は、日本だけではない。確実に世界全体で起こる。そこにチャンスを見いだそう

天体望遠鏡で見た世界的な混沌状態のこの時代、望遠鏡で観測できる向こう30年の経済潮流は、世界規模で見ていかなければいけません。

『ワーク・シフト』（リンダ・グラットン著、プレジデント社）では、人の働き方の未来にとりわけ大きな影響を及ぼす5つの要因として、人口構成の変化と長寿化、社会の変化、グローバル化の進展、エネルギー・環境問題の深刻化、テクノロジーの進化を挙げています。

まず第一に先進国の長寿化です。とにかく長生きできてしまう時代です。

先進国の中でも、日本は長寿化で一番先行しています。ＩＬＯ（国際労働機関）加盟183か国中、人口に対する65歳以上の比率が一番高いのが日本です。17歳以下の子供たちが人口に占める比率が一番低いのも日本。そのことをまず理解しておく必要があります。

先進国と言われるＧ８の８か国は、すでに長寿化への対応を迫られています。日本で起こっている社会保障費の増大、それを埋め合わせるための財政破綻さえ危惧される赤字国債の発行などを、他の先進国は目の当たりにして明日はわが身だと感じています。最も恐怖を感じているのは、世界中で一番多くの人口を抱えている中国かもしれません。中国も15年後には今の日本と同じような人口分布になるからです。

経済指標や統計は嘘をつくとよく言われますが、人口統計だけは嘘をつきません。現在35歳の人の人数がわかれば、30年後に65歳になる人の数もほぼ予想がつきます。

少子高齢化という言葉はおそらく20年ほど前から使われていたと思います。そこで、少子高齢化とは長寿化だ、長寿化ということはテレビの前にずっと座っている日本人が増えるだろうという仮説を立ててビジネスモデルを作ったのがジャパネットたかたです。お茶の間のテレビの前に座っているおじいちゃん、おばあちゃんの心に響くような営業方法を徹底的にやったのです。

長寿化時代に、テレビで高齢者をターゲットにした商品のストーリーを語ればモノは売れると読んだ、高田社長の先見の明はすばらしいものがあります。ジャパネットたかたは2000億円近くのビジネスを、わずか20年足らずで作り上げたのです。

長寿化の時代のキーワードとしてもうひとつ挙げられるのが、有用労働人口の確保です。機械ではできない、人の手が必要な労働が有用労働です。

長寿化で人の世話になる人はどんどん増えます。一方で、世話をする若い世代が減少しているため、この人材を育てて確保し、産業界に送り出すことが大きな課題となってきています。

たとえば、介護福祉士は、今後15年間であと100万人必要と言われています。毎年7、8万人ずつ増やす必要があるとの試算があるそうです。ということは、介護やその

日本の人口ピラミッド

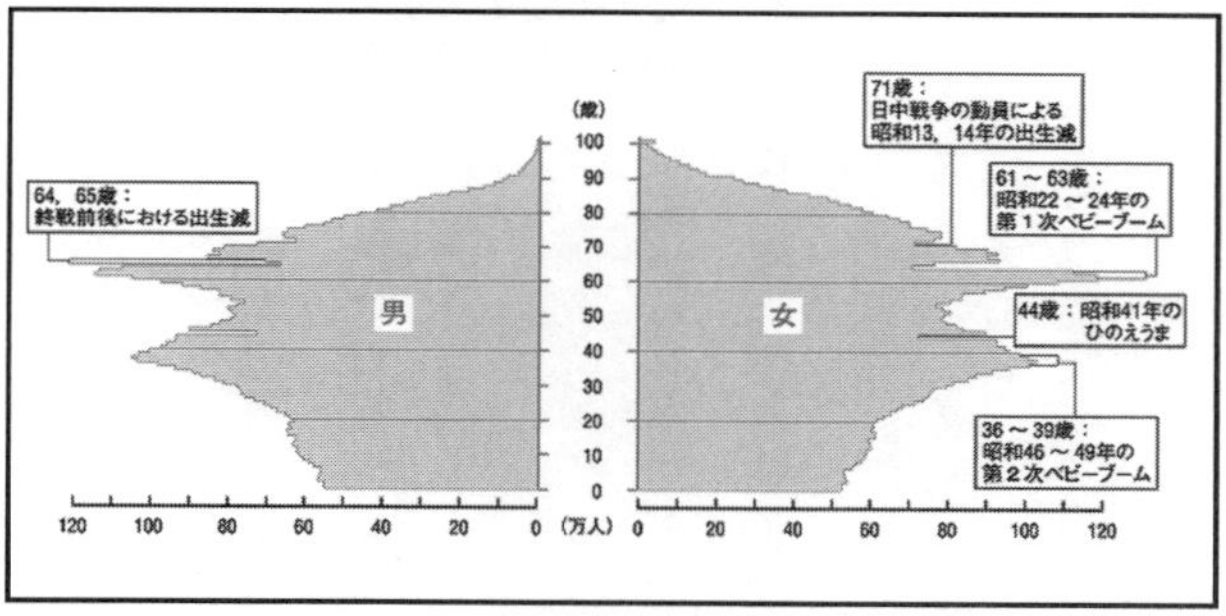

［出所］統計局ホームページ（平成22年10月1日現在）

人材の教育というテーマには、ビジネスチャンスがあるということです。

さらに言えば、日本の長寿化に他の国々がこれから追いついてくるわけです。日本の年齢分布と、3年後にほとんど同じようになる国はどこかを調べ、そこに今の日本で成功している長寿ビジネスを移植すれば、成功の確率は非常に高いのです。

世界中の国の人口統計が向こう30年でどう変化するかということを見ておけば、海外進出もそうそう難しくはなくなります。

長寿化筆頭国という日本の現状はビジネスアドバンテージになるのです。

グローバリゼーションがもたらす情報のスピードと広がり。都市の同質性に着目し、世界の大海で泳げるプロとなれ

今後30年の避けられない潮流として、グローバリゼーションの進行が挙げられます。グローバル化の波は、もはや誰も避けて通れません。そこにはチャンスもあれば、脅威もあります。

グローバルな事業展開を考えるときに重要な視点があります。それは、「都市の同質性」に注目するということです。

エコノミストや政治家の発言は、とかく日本と外国とのギャップ、差異に重点が置か

れます。テレビのバラエティ番組でも、日本と海外との文化や国民性などの違いを取り上げるものが流行っています。

しかし、ビジネスのための視点としては、国や宗教の異質性に注目するより、人間の同質性に着目して、事業展開を考えるほうがスピーディで前向きです。

たとえば、スターバックスはシアトルで生まれました。ビシッとスーツを着こなしたビジネスマンがスターバックスのロゴの入ったカップを持ってさっそうとオフィスに入る。これがお決まりのスタイルとしてシアトルで定着し、北米地域の出店が終わると、次に事業を展開したのは地理的に近いメキシコやコロンビアの田舎町ではなく、同じようなビジネスパーソンの生活スタイルがある東京でした。

つまり、国の異質性より都市の同質性、そこに住む人間に共通する生活スタイルや心理に着目して事業を展開したのです。スターバックスはこれで一気にグローバルな展開を果たしました。

グローバリゼーションの最も大きな影響は、情報やコミュニケーションの伝播が世界規模で格段に速く容易になったことでしょう。インターネットの普及によって情報の壁が取り払われたことをきっかけに、これまで存在していた国境、言語（翻訳ソフトの機能向上など）、通貨といった事業のグローバル展開の障壁が次々となくなりました。日本でよいと評価されたビジネスの情報は、ほとんど同時に地球の裏側のブラジルにも届き評価される時代です。それによって、事業をグローバルに展開するのは容易になりましたが、反面で、海外からの進出やビジネスモデルの模倣といった危険も大きくなってきているのです。

ちなみに、地球規模の地理的な距離の縮まりとして、北海航路が開いたことも見逃せません。かつてロシアの北側にある港は冬季にはすべて凍結し、一年のうち半分しか利用できませんでした。それが温暖化により、だんだんと利用期間が長くなったのです。これによって、ヨーロッパから日本への輸送コストは半分程度にまで下がっています。もはや文化鎖国や食料鎖国、経済鎖国といった政治的な制約で国外からの脅威から自国の企業だけを守ることは、事実上ほぼ不可能になりました。とすると、どうやってこのグローバリゼーションを利用するかという思考にシフトチェンジするべきではないでしょうか。

グローバリゼーションによって、求められる人材のレベル、プロとしての意識のレベルも大きく変わります。世界を大海にたとえるなら、今まで社内での評判を気にして隣の席の人と競ってきたサラリーマンはプールで泳いでいたようなものです。同じ業界内の動向ばかりに目を奪われ同業他社と競ってきた中小企業やベンチャー企業の経営者は湖で向こう岸にあるゴールを目指して泳いでいる人です。顧客の生活スタイルや心理に着目して他業界の動向まで見渡していた人で、ようやく海で泳いでいると言えるでしょう。しかし、海といっても波の穏やかな湾内かもしれません。

世界の大海、外海には、カルロス・ゴーン氏のような経営のプロや、イチロー選手のような世界のどこへ行っても活躍できるプロフェッショナルがいるのです。

グローバル・ヒューマンリソースの時代が始まったのです。

インフラのトレンドを押さえれば、長期的に儲かる。エネルギーの地産地消がこれからの流れだ

今後30年の世界的潮流として、三つ目に挙げられるのが、エネルギー革命です。風力、太陽光、地熱といったクリーン・エネルギー、あるいは最近実用化されはじめたシェールガスなど、石油に代わるエネルギー開発の動きが、世界的に広がってきています。

日本ではこれまで、電力というものは電力会社がつくり、我々は電力会社から買うしか選択肢がありませんでした。それが今後は、発電方法が多様化し、地域社会のいろいろなところでつくられるようになります。

たとえば、日照状況のよい場所では公共施設の屋根を全部ソーラーにして太陽光発電

を行う、適度な風が吹き続ける都市には小型の風力発電設備を設置するなど、そのエリアに最も適した形でエネルギーを作り、それをその地域で消費する「エネルギーの地産地消」が始まります。

そこで押さえておきたいのが、インフラの整備です。太陽光パネルや風力発電機などの発電設備、蓄電装置、さらに売電する配電盤も、これから整備されていくでしょう。

もちろん、エネルギーの消費という点でも大きな変化が起きてきます。日本で走っている自動車の半分が電気自動車になれば、当然ガソリンスタンドには電気プラグを設置しなければなりません。また、大型スーパーなど駐車場があるところに電気プラグを設置し、スーパーの利用者はタダで充電できるようにすれば、お客様の増加も見込めます。

エネルギーの効率化をはかるスマートハウス化も、日本で着実に始まっています。

日本では、インフラのトレンドを押さえれば、それで勝てると言われているほどです。インフラの整備には長期間、莫大な資金と人材が必要であるため、長期雇用創出にもなります。またその周辺にも大きなビジネスチャンスを生みます。

エネルギーの地産地消が、今後30年のインフラのキーワードとなるでしょう。

ＩＴの進化は、ハードから使用感の進化へ。ＩＴ時代の購買心理を読み解き、爆発的ヒットを生み出そう

向こう30年の潮流として外せない四つ目のキーワードは、やはりＩＴです。

第一段階のコンピュータなどハード面のイノベーションが終わり、これからは第二段階のイノベーションが始まってきます。あきらかに我々の使用感が変わるような変化がこれから起こってくるでしょう。

たとえば、これまでは携帯電話でメールをするのに指で押していましたが、今は声でできるようになってきました。ユーザーインターフェースが劇的に変わりつつあります。自動翻訳の精度も上がり、海外の情報を得たりコミュニケーションをとったりするため

に、必ずしも語学に堪能である必要がなくなりつつあります。

これまではＩＴ業界内の進化にすぎなかったことが、第二段階のイノベーションでは、他の業界、そして消費者にも波及してきます。

経営的な視点で見ると、ＩＴは社会にいくつかの重要な変化をもたらし、また、現在もたらしつつあります。

一つ目は、ネット上で権利の移転ができるようになったことによる価格決定モデルの変化です。誰かが出品したモノに一番高い値段をつけた人へ所有権が移転するネットオークション機能と、一番安い値段をつけた人に仕事を受注させるリバースオークション機能、いわゆる入札機能が代表格です。インターネットにつながってさえいれば、どこからでも誰でも利用でき、契約までできます。価格決定に関して、ネットは大きな変化をもたらしました。

二つ目が「一発回答」です。何かわからないことを調べようと思ったら、インターネット上で質問を投げかけると、一発で回答が得られます。そこに、試行錯誤したり、誰か詳しい人を探して聞きにいったりというプロセスは存在していません。

たとえば、ガスレンジのサビ取りに最適な洗剤は何かとネット上の質問サイトに書き込むと、何という洗剤をどうやって使えばいいというアンサーが返ってきます。そこに手間のかかるプロセスはなにもありません。インターネットがソリューションなのです。

自分で考えなくなるという弊害のある一方で、自分はやらなければならない重要なことにだけ集中できるという利点もあります。

三つ目の特徴がファジー検索から条件検索への流れです。ファジー検索というのは、たとえば「あたたかいものが食べたい」↓「お鍋はどうか?」↓「近くにいいところがあるか?」↓「おいしいおでん屋がある」↓「そこで決まり」というように、厳密な条件を設定しなくても、あいまいなニュアンスの中から柔軟に回答を導き出すことです。

一方の条件検索は、「場所：赤坂」、「料理：おでん」、「予算：1人4000円」というように条件を厳密に指定して、それに合致するものの中から結論を出すことになります。

生まれたときからインターネットが存在していた世代の人たちは、条件検索に慣れ親しんでいます。

つまり、世代間によってモノを選ぶときの思考プロセスが変わってきているのです。購買心理学や行動経済学のさらなる研究が重要になってくるでしょう。

条件検索を利用して爆発的にヒットした例がネット保険です。従来のような営業職員とお客様とのファジーなやりとりを廃し、条件を指定してヒットした保険から選んでもらう仕組みにしたのです。

ITのもたらす社会の大きな変化はもうひとつあります。コミュニケーション・プロモーションのルールの変化です。たとえば、世界一の心臓外科医を探そうと思えば、地球上のどこからでもその情報にアクセスし、医師へコンタクトを取ることができます。

売り手側も、情報を発信して認知させることが非常に安価でスピーディにできるようになりました。

これは、比類なき差別化ができれば、勝ちやすい世の中になってきているということです。どこの誰であろうと自社の付加価値が何であるかを見据える必要があるのです。

双眼鏡の視点

三つのキーワード。デフレ意識からの脱却。細分化される意識階級。法令改正

双眼鏡という物差しで見る今後の経済潮流として、向こう3年から10年の日本を考えると、デフレ意識からの脱却という課題があります。デフレという現象から抜け出すことよりも、事業にとって重要なのは、デフレ「意識」からの脱却です。

たとえば、今年の年収300万円の人が2人いたとして、昨年の年収が275万円だった人は、来年は325万円になるだろうという期待があるので、高い車をローンで買います。一方、昨年の年収が325万円だった人は、来年は275万になるかもしれないという不安があるので、高い買い物は控えようという意識が働くでしょう。現在は同

じ300万円の年収であっても、前者はインフレ意識、後者はデフレ意識なのです。

2012年の民主党政権時代、日本人は9割がデフレ意識だったと言えます。デフレ意識から脱却しない限り、エコポイントや子供手当てなどで一過性の消費は増えたとしても、国内経済のトレンドは変わりません。自民党安陪政権に代わって、デフレ脱却へ動き出した今、消費者の意識がいつ大きく変わるのかから目を離してはいけません。

双眼鏡で見るべきもうひとつのトレンドとして、意識階級の細分化があります。

かつて、1960~70年代の日本では、「一億総中流時代」という言葉が示すとおり中流意識を持つ人が大多数でした。その時代には当然、中流意識を満たすビジネスが非常に力を伸ばしました。スーパーや百貨店、車で言えばカローラ、ブルーバード、白物家電など、中流意識階級をターゲットとする商材、ビジネスが成功したのです。

その後、バブル時代には上流意識階級が増え、高級品を扱うビジネスが潤いましたが、バブル崩壊によって今度は、上流・中流意識が細り、下流意識を持つ人が増えました。

それが今ではどうなったかというと、意識階級はより細分化されてきています。一番上には億ション、クルーザーを買うような富裕層意識ができました。そこから上流、上中流、中流、中下流、下流と出てきて、最後は貧困層です。

このような細分化された意識階級ができたことによって、ビジネスもどの階級をターゲットに定めるかを厳密にはからなければならない時代になったのです。消費者が、自分は貧困層だと思った瞬間、富裕層が行くようなお店には行かなくなるのです。

こういった日本人の意識階級の細分化に対して、高級ブランドメーカーは、それぞれの意識階級に合致するように商品アイテムを増やして価格帯を広げることで対応しています。

たとえば、シャネルであれば、中下流階級を意識したアイテムとしてストラップがあり、小銭入れ、財布も用意しています。上流階級のためにはバッグ、富裕層にはオートクチュールというように、商品ラインナップが組まれ、けっして富裕層や上流層だけを対象にするのではなく、中流あたりから手を出せるようになっているのです。

細分化される意識階級

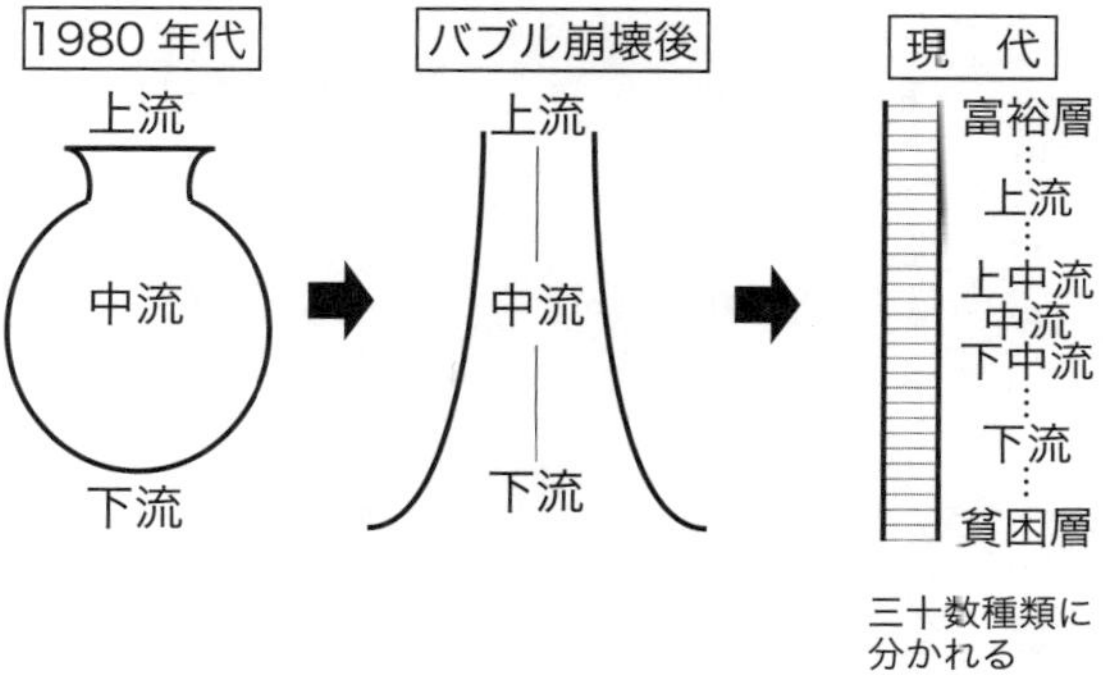

今後も日本人の意識階級の細分化が進むでしょう。デフレ意識から脱却できないと、下振れを起こしていくことも予想されます。それに合わせたビジネス展開が必要となってきます。

もうひとつ、双眼鏡で押さえておくべきポイントとして、法令の改正が挙げられます。法改正によって業界自体のトレンドが変わってくることは多分にあります。

少なくとも、自分の業界とお客様にかかわる法令については、しっかりと追いかけ、国の方向性がどう変わるのか押さえておく必要があります。

同業他社だけを定点観測してはいけない。お客様の生活スタイルと心理に焦点を当てる

経済潮流を見極める物差しの四つ目がメガネ、五つ目が虫眼鏡です。これはそれぞれ、1年間、1週間〜3か月という短期間を見る物差しです。

多くの会社は、つい同業他社の動向や業界への新規参入に目を奪われ、業界内の競争のなかで、自社の価格帯やポジショニングはどうかということを考えがちです。

たとえば家電量販店は、ライバル他店のチラシを毎日リサーチしています。チラシを手に入れるだけでなく、他店へ偵察に行き、一日そこでお客様の状況や商品、価格を見て回るといったことまでしている会社もあります。

また、パチンコ業界は、ライバル他店のイベントを毎日リサーチしています。同業他社はどういうキャンペーンで集客しているのかを定点観測しています。

もちろん、それ自体はとても大切なことなのですが、ここに大きな落とし穴がありま す。同業他社だけを定点観測していることが本当に正しいことなのか、疑ってみる必要があるのです。

たとえば、パチンコ店の最大のライバルは、いまや同業の他店舗ではありません。むしろ、近くにできた温浴施設や、家庭用・携帯用のゲーム機にお客様のお金と時間を取られていることが多いのです。

同じ業界内で顧客の取り合いをしているのではなく、もっと大きなレジャー・遊興というジャンル全体で競争をしていると言ってよいでしょう。

定点観測をするポイントを間違えていることに気づかないと、思わぬ伏兵にマーケットをとられてしまいかねない時代なのです。

スーパーも同じです。スーパーというのは、そもそも生鮮食料品で集客をし、利幅の大きい衣料品などで儲けるというビジネスモデルでした。それを他のスーパーはいくらで売っているか、駐車場の大きさはどうか、新店舗がどこに出店するかと、業界内を定点観測をしている間に、ユニクロやH&Mのような専門店がどんどん進出してきます。そうして衣料品がまったく売れなくなり、経営難に陥っていきました。

わが社は、誰がライバルのか、誰の動向を見ておくべきなのか、よく見極める必要があるのです。

事例をもうひとつ出しましょう。レストランはどうでしょう。味はおいしいのだけれど、最近なぜか売上が落ちてきた。隣にできたレストランにお客様が流れているのではないかと考え、隣の店の値段を見たところ2割ほど安い。それではということで、2割ほど値段を下げてみた。けれども売れないのです。

もっと周りをよく見てみたら、コンビニが周りに複数できて、実はそこの中食に顧客を奪われていたというパターンです。

つまり、本当の敵ではないライバル他店に対抗して価格を下げたとしても、そもそも外部環境を観測するピントがずれているのですから、戦略もずれたものになるわけです。

失敗する典型的なパターンです。

このように、メガネ・虫眼鏡で世の中を見るときに、間違った定点観測、つまり間違った物差しを使っていると、戦略が当たっているのか外れているのかさえ、わからなくなります。

大切なことは、メガネ・虫眼鏡を使うときには、もっと既存顧客に焦点を当てるべきだということです。

自分都合の物差しは物差しとは言いません。とかくマーケティング戦略の中ではデータ分析が重要視されているようです。データ分析ばかりして、同業他社と価格やら、キャンペーンやらばかりを比較している会社があります。それでは個性を生かした経営にはなりませんし、自分都合の経営でしかありません。

本当に必要なのは、既存顧客の生活スタイルや心理を分析し、会社が提供できる顧客価値を練り上げていくことです。

いずれにせよ、定点観測する物差し、対象を間違えないように注意してください。

色めがね、色虫眼鏡で見ていないか？「眼横鼻直」であるかを常に疑おう

メガネ・虫眼鏡でものを見るときに大事なのが、「眼横鼻直」という精神です。これは禅の教えで、事実をあるがままに見て、あるがままに受け止めるということです。眼は横、鼻は縦についているものですが、自分の願望や恣意的な考えを通して見ると、眼が後ろで鼻がひんまがっているように見えてしまいます。これでは、メガネ・虫眼鏡ではなく、色メガネ・色虫眼鏡です。

あなたの会社の経営状況を見るときも、色メガネ・色虫眼鏡で見てはいけません。事

実を認識するためには、ごまかせない数字を見るべきです。たとえば売上や売上原価といったものはごまかせません。

財務諸表で言えば、キャッシュフロー計算書の数字はごまかせません。貸借対照表・損益計算書（ＢＳ／ＰＬ）は、ある意味、恣意的に数字を作ることができてしまいます。税金を払いたくないから今期は少し赤字にしておこうとか、借り入れのためにギリギリ黒字にしようというように作文ができます。

しかし、キャッシュフローは現金の流れです。

営業キャッシュフローは営業上の活動から出てくる現金の流れ、銀行からの借入や返済などの現金の流れが書かれた財務キャッシュフロー、未来の利益を作るための投資キャッシュフロー。これらのキャッシュフロー表に記載される現金の流れはごまかしようがなく、今の会社の経営状態を眼横鼻直せざるを得ません。

メガネ・虫眼鏡では、定点観測すべきポイントが正しいのか、そして、それを本当に正しく見ているのかどうか、疑ってかかることが必要です。

第 3 章

ビジネスの仕掛け

ゼロから1を作らなくてもイノベーションは起こせる

無から有を作ることだけがイノベーションと思っていないか？今あるもののテイストを変えて増殖させるイノベーションで成功する

何もないゼロの状態から、はじめての「1」を作らないと、画期的なイノベーションにはならない。そう思ってはいないでしょうか。無から有を作るのは非常に困難です。しかも、お客様にとっても受け入れづらいところがあります。無から有を作るイノベーションは、お客様から見るとある日突然見たこともない商品が出てくることなのです。

例えとして、コーヒーの話をしましょう。江戸時代後期（1804年）、日本にはじめてコーヒーが入ってきました。最初は薬のような位置づけだったようです。ところが、コーヒーなんて見たことも聞いたこともない当時の日本人は、30人が飲んだら30人全員が吐き出したそうです。苦くてまずくて、こんなもの薬でも飲めないと口をそろえて言ったそうです。

それから長い年月をかけ、明治中期になってようやく今で言う喫茶店ができます。

このように、世の中に100店舗もないうちから喫茶店をやるのが、無から有を作る商売の難しさです。

さて、その後1970年代以降、コーヒーを飲む習慣が日本にも浸透し、ルノワールや街の喫茶店という滞存型喫茶店文化は全盛となりました。そして、それを土台にして出てきたのが、カフェという業態です。ドトールコーヒーを皮切りに、スターバックス、タリーズなど、瞬く間にカフェは広がっていき、大成功をおさめています。

明治時代の喫茶店が無から有を作るイノベーションなのに対して、テイクアウトが主な収益であるカフェ業態はそれを土台にテイストを変えることで大きく成長しました。これもまたイノベーションなのです。

コーヒーの味あわせ方や演出といったポジショニングを変えたビジネスで、3を100にするようなイノベーションを起こすこともできるのです。実は、こういった今あるビジネスのテイストを変えて増殖させるイノベーションは世の中に数多くあります。薬局に対してのドラッグストア、高級寿司に対しての回転寿司もその例です。

たとえば、ドン・キホーテのイノベーションは、プロセス価値をほかの雑貨屋と変えたところにあります。通常の100円均一のお店や雑貨屋はきれいに商品を陳列して、お客様が選びやすいように店舗の動線開発をしています。ところがドン・キホーテは、むしろ商品が見つかりにくいような動線になっています。倉庫の中から掘り出し物を見つける楽しさがプロセス価値を生んでいるのです。それによってお客様は、店への滞留時間が長くなり、目的の商品とは違うものばかり眼に入ってくるので、買うつもりのなかったものまで購入してしまうのです。

店舗販売の場合、顧客の滞留時間と売上はほぼ比例します。ドン・キホーテやドラッグストアが、普通の雑貨屋や薬局よりも強い理由はそこにもあります。

お客様が目的を果たしたらすぐにお帰りになられるコンビニ型店舗で回転率を上げるか、お買い物にエンターテインメント性を持たせ、楽しくてついつい長居する滞留型のお店づくりを目指すかは、あなたしだいです。

無から有を作る商売でヒットを出すのは、とても困難で時間もかかります。まず啓蒙活動が必要ですし、時代とのマッチングもあります。

一方の今あるビジネスのテイストを変える商売は、特にイノベーションとも思えず、劇的にマーケットが異なっているわけではないようなものであっても、きちんとお客様へポジショニングの違いが示されており、取捨選択できるようになっています。あとから出てきたテイストを変える商売が、既存のマーケットの顧客をごっそり持っていってしまうということもありえるのです。

そういう意味で言えば、新しいビジネスモデルというのは、特別に肩に力を入れて、綿密に事前調査をし、慎重に慎重を重ねて戦略を練り、何度も会議を重ねて……と念入りに作り上げていくよりも、ちょっとしたテーマや工夫で成功するものと言えます。

ゼロから1を作り出すイノベーションには、それなりのおもしろさはあります。

しかし、テイストを変えることで増殖させるイノベーションは速度が違います。顧客が慣れ親しんでいるものを土台に、工夫を加えて起こすイノベーションのため、始めるのも広がるのも、あっという間なのです。

ビジネスゲームのルールは突然変わる。常にルールの変化に気を配ろう

ついこの間まで成功していたビジネスモデルでも、たったひとつの要因でいとも簡単に崩れ去ることがあります。

たとえば、シャープは液晶画面で国内を一斉風靡しました。ところが、「世界の亀山ブランド」としてグローバルに打って出たところ、あっという間に苦戦を強いられるようになりました。それはなぜでしょうか。

液晶テレビ市場のゲームのルールが、「品質」から「コストパフォーマンス」に変わったからです。

品質は確かにシャープがよくても、家でテレビを2台並べて見るわけではありません。それなりの画質で価格は三分の一という商品が出てくると、みんなそちらを買うようになってしまったのです。

画質が世界一いいということが、顧客が欲しがる理由ではなくなって、コストパフォーマンスのいいものが、求めるものになったのです。

それまでは、プラズマだ液晶だという新規性であったり、大きな画面でテレビを観たい、3Dで観たいという欲求のなかで、液晶テレビは100万円でも売れていました。そこでは、世界一きれいな画質というのは、強みでした。ところが、コストパフォーマンスがルールになったとたん、値段は高いけれども画質がいいというのは、強みではなくなってしまったのです。

任天堂やソニーの家庭用ゲーム機にも同様のことが言えます。

コンピュータの精度が上がるにしたがって、家庭用ゲームは映画のような映像美を目指していきました。RPGであれアクションものであれ、CGを駆使して、よりきれいでリアルな映像のゲームを作るようになっていったのです。

カリスマと言われるような最高峰のグラフィック・デザイナーやプログラマーを集め、制作費も一億円、二億円が当たり前の世界になっていました。

それがある日、ごくありふれた絵、ごくありふれた構成の釣りゲームが携帯端末用のゲームとして登場します。

するとマーケットが一転、それまで、高スペックで「映画並みの画質」を目指していたゲームから、そこまで品質がよくなくても手軽にスキマ時間で簡単に遊べる携帯ゲームに、顧客を一気に奪われたのです。

業界におけるゲームのルールが「クオリティ」から「気軽さ、手軽さ」に変わったのです。そのとたん、そこに爆発的に大きなマーケットが生まれ、既存のゲームマーケットは大幅に縮小してしまったのです。

移り気な消費者心理をつかみ取るには、ITイノベーションがもたらすデバイス（携帯端末）の進化と、それに伴うライフスタイルの変化から目をそらしてはなりません。

ゲームのルールが変わった瞬間に、それまで年間売上1位だ、マーケットシェアホルダーだと思われていたものが、あれよあれよという間にシェアを奪われていきます。それどころか、どんどん水をあけられてしまうのです。

ですから、ゲームのルールが変わっていないかどうか、注意しておく必要があります。

そして、ゲームのルールが変わったとわかったら、すぐさま新しいルールに対応しなければなりません。

シャープの場合は、高い人件費や土地代、法人税、物流、懲罰的な円高など、コストパフォーマンスでの勝負に切り替えるということが即座にはできませんでした。これは他の国内大手電気メーカーも同じでしょう。

既に市民権を得ているビジネスのテイストを変えたイノベーションは、実行するスピードの速さによって、一気にマーケットを覆せる可能性を秘めているとも言えます。

技術力で勝る日本がなぜ事業で負けるのか。ゲームのルールを変えた者だけが勝つことができる

ゲームのルールを変えた者だけが勝つ。これは『失敗の本質』（ダイヤモンド社）の名言ですが、真実だと思います。

技術力で勝る日本が、なぜ事業で負けるのかということを考えるとよくわかります。たとえば、かつての日本軍は、命中率の高い鉄砲を作ること、つまり精度の高い銃を作る技術という点では、世界でも優秀な実力を持っていました。しかし、アメリカは一回引き金を引いたら10発の弾が出る機関銃を考え出すのです。

つまり、アメリカは常にゲームのルールを変えて戦い、勝利しているのです。

日本でも、ゲームのルールを変えて勝利している企業はあります。

たとえば、コマツ（小松製作所）は、油圧ショベルやフォークリフト、ブルドーザーなど主に建設機械を扱っているメーカーで、世界中で重機を販売しています。

重機は山奥深くで作業をすることも多く、そういった場合に万が一故障をしたら、そこまで行って故障箇所を確認したうえで一度戻り、再び部品を持って現場に行くという手間と時間がかかります。

そういう故障で現場の作業が止まり、工期が伸びたり納品が遅れるのは、重機を扱う現場の最も嫌がることです。

そこで、コマツは、ＧＰＳとセンサーを組み合わせたＫＯＭＴＲＡＸと呼ばれるシステムを開発しました。

無償で提供するＧＰＳとセンサーを管理サーバーとつなぐことで、重機が今どこにあって、どういう状態なのかが、すべて本社で把握できるようになったのです。

そのことによって、一定時間の稼動量を超えたら部品交換を行うなどのメンテナンスや、故障の予兆があれば事前に修理に向かうといった予防までできるようになりました。

さらに、それまではメンテナンスの部品などは、現場の裁量で安価な他社製品を使われることもあったのですが、コマツの代理店が事前にメンテナンスに来るため、多少値段が高くても正規品を販売できるようになりました。結果として、大幅な利益が上がるようになったのです。

重機の稼働時間も把握できるようになったコマツは、重機を販売するというビジネスから、稼動している時間だけ利用料金をチャージするビジネスモデルの発想に切り替え、大成功を収めています。

商売のルールを変えたわけです。

かつて、最初に水道ができたとき、当時の人々はカルキ臭くて飲めないと言いました。ところが、気がつくと井戸はほとんどなくなっていました。蛇口をひねるだけで水が出るのに、わざわざ何度も井戸まで行って水を汲むという、めんどうくさい行為を続けられるはずがありません。誰でも水道を利用するようになるでしょう。
最終的には、業界におけるゲームのルールを変えた者だけが勝利するのです。

飛び込み営業やテレコールは、井戸での水汲みと同じく、もはや原始的なやり方になりつつあります。いつまでもそれだけに頼らずに、そろそろフェイスブックをはじめとしたＷｅｂでの営業に本腰を入れて取り組むべきときが来ています。

ここでも、ゲームのルールが変わってきているのです。
ゲームのルールを変える力を持っている商品は、最初はマイノリティでも、あっという間にサービスとしての市民権を得るようになります。「これがマーケットにおけるゲームのルールを変える」と思ったら、いち早くそれを使い始めることが肝心なのです。

我が社は品質で勝ってビジネスで負けるような戦い方をしていないか。お客様の心理や行動に変化の兆しがあるのではないかと疑うことです。数年後の業界のあるべき姿を模索することによって、新たなるビジネスルールを創造していきましょう。

実行のスピード

変化することの恐怖を克服し、即座に行動に移す。実行スピードにこそ勝利のカギがある

変化するということは、経営者にとってはとても怖いものです。経営というテーマの最大の敵と言えるかもしれません。

営業方針の変更、商品や価格の改定、パッケージの変更……、変化した後のお客様の反応がどうなるかわからないことへの恐怖があります。

しかも、少しだけ変えても、それを知っているのは変えた当人だけ。お客様に変わったなと思っていただくには、劇的に変わらないと認知してもらえないのです。

劇的な変化にはたいへんな恐怖を伴います。しかし、この恐怖を乗り越えなければ、

勝利はないのです。

もし、勝利するアイデアができたなら、それが変化をともなうものだったとしても、すぐに実践することです。そこで躊躇したり迷ったりせず、実行スピードにこだわるのです。そこにこそ、勝利の要因が潜んでいます。

「紅虎餃子房」で知られる際コーポレーションの中島社長は、各店舗を見に行って、これではお客様が入らないと思ったら、その場でペンキを持ってきて自分で看板やら入口を塗りかえます。これでは売れないなと思ったメニュー表は、何度でも書き換えます。変えていくために必要な力は実行力とそのスピードなのです。

人のアイデアは、だいたい五十歩百歩です。他の人には何十年も思い浮かばないアイデアを自分だけがひらめくことなど、ごく限られた天才にしかありえません。たいていのアイデアは、思いついた時点で似たようなものがどこかにあるか、なかったとしてもすぐに誰かがやり始めます。

ということは逆も真なりで、たとえいまその業界で飛ぶ鳥を落とす勢いの元気な会社であっても、その会社が頭抜けて戦略立案能力が高いかといったら、そんなことはありません。そういう会社は、不安を抱きながらでも勝てると思ったら、すぐに実行しているのです。これに尽きます。

名高いトヨタのカイゼンも、改善をしてみたら前より具合が悪くなって結局元に戻したという例もたくさんあります。

では、その改善はムダだったかというと、そのやり方は前のやり方ほどうまくはいかなかったということが発見できたから、それでいいのです。

やらないより、実行してみて、その結果を得ることのほうが価値があるのです。

それは学習になり、次の改善につなげていくことができるからです。

アイデアから実行までのスピードでは、大企業より中小企業のほうに分があります。

大企業が意思決定のスピードで中小企業を上回るためには、かなりの権限委譲が現場へ落とし込まれている必要がありますので、難易度が高いと言えます。

たとえば30人未満の会社ならば、トップダウンで意思決定ができます。アイデアが出たら、即実行。実行からフィードバックを得て、改めて戦略を立てればいいのです。

大企業も最初は中小企業だったでしょう。変化を恐れずルールを変えて勝負し、最も成功したベンチャー企業のひとつにユニクロを展開するファーストリテイリング社があります。同社は元々、山口県の高級紳士服店でした。しかし、紳士服は手間ヒマがかかる商売です。そのうちに効率化された大型の紳士服チェーン店が広がっていきました。

そこで、柳井正氏は完全に高級紳士服を捨て、カジュアルウエアに方向転換することにします。カジュアルウエアは安価なため、商品の説明も要らず、薄利でもモノがよければ売れると見たのです。低価格・高品質・大量生産のビジネスモデルへの変化です。

当時は、その決断に反発し、社員6人のうち5人が辞めたそうです。柳井氏は残った社員と2人で新しい事業を始め、飛躍的な成長を果たしたのです。

ファーストリテイリング社のビジネスモデルは、価格破壊の象徴としてマスメディアなどでも多く取り上げられました。まさに、ルールを変えたのです。

戦略の見直しでカイゼンをはかるか。前提条件の見直しでイノベーションを起こすか

組織学習には2種類あります。「シングル・ループ学習」と「ダブル・ループ学習」です。シングル・ループ学習では、前提条件（仮説）を立て、戦略を組み立て、実行します。そうして結果が出ます。この結果がうまくいかなかった場合、再び戦略に戻って、実行し結果が出たら、また戦略に戻り……というサイクルを回します。これは改善の手法です。

一方、ダブル・ループ学習では、最初の前提条件→戦略→実行→結果までは、シングル・ループ学習と同じですが、結果がうまくいかなかった場合、そもそもの前提条件が

間違っているのではないかと考えます。

戦略に戻るのではなく、前提条件そのものを見直し、そのうえで戦略を立て直し、実行し結果を検証します。望ましい結果を得られなかった場合は前提条件の見直しまで戻り…と新仮説ＰＤＣＡ（Plan→Do→Check→Action）を繰り返すのです。このダブル・ループ学習から、イノベーションは生まれます。


たとえば、女性客が増えればレストランは繁盛するという仮説（前提条件）を立てます。それならば女性受けのいいメニューを充実させるためにサラダバーがいいと思い、実行したとします。しかし、うまく繁盛しなかった。この結果を受けて、今度は女性向けにサラダではなくデザートを充実させたほうがいいと考え、実行します。

そして結果を得る。これがシングル・ループ学習、改善です。


ダブル・ループ学習では、前提条件（仮説）をそもそも疑います。

女性客が増えればレストランは繁盛するだろうという仮説にもとづき、女性受けのいいメニューのサラダバーを作ったところ、うまく繁盛しなかった。この結果を受けて、女性客が増えればレストランは繁盛するという前提条件を疑い、それよりも男のガッツリ飯のほうが繁盛するだろうという新しい仮説を立てます。それならば、ご飯と味噌汁のおかわりを無料にしようと考えて実行するのが、ダブル・ループ学習です。

ここから得られる結果は、最初の結果とは明らかに違う反応になります。

このそもそもの前提条件を疑うダブル・ループ学習から、イノベーションが起こったり、ゲームのルールを変えるビジネスモデルが生まれるのです。

日本人が得意なのは、どちらかというと改善です。日本人の勤勉さやあくなき向上心が改善を可能にしてきたのですが、これがかえって災いして、イノベーションを起こせない原因になりうるのです。改善だけでは、ゲームのルールが変わったときに対応できず、まったく役立たずになってしまうこともありえます。

ゲームのルールが変わっていないかどうかに注意すると同時に、今の仮説の延長線上で努力するのか、まったく違う仮説を立てて取り組むべきかを、いま一度よく考えてみる必要があるのです。

シングル・ループ学習

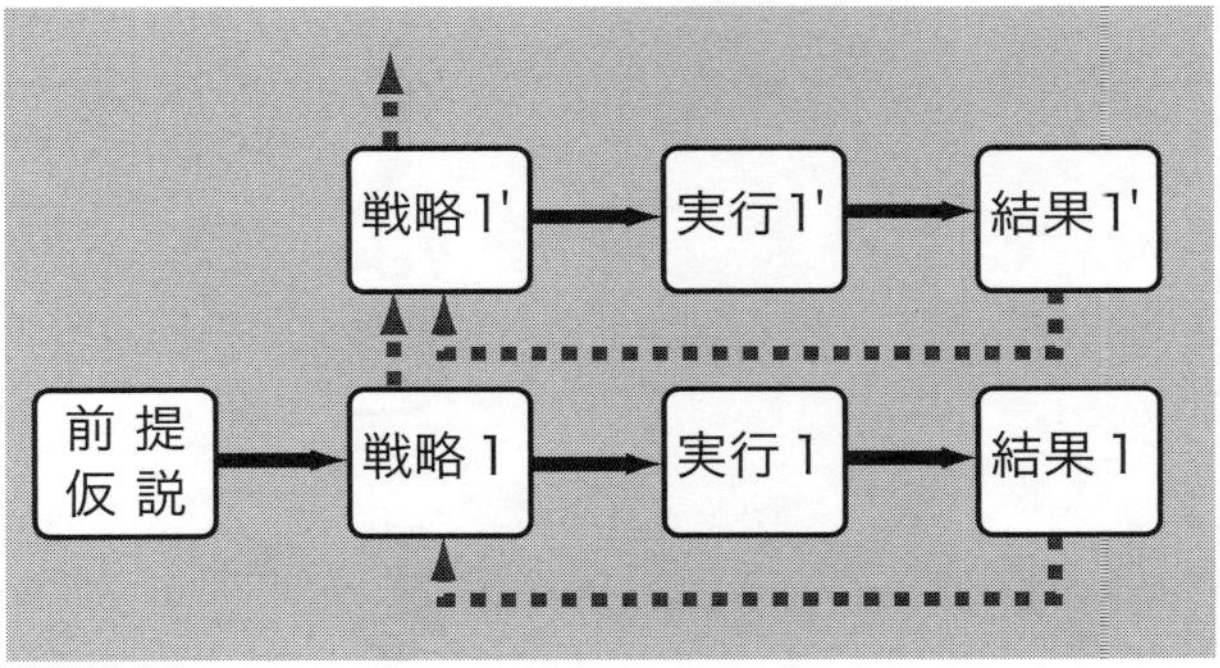

ダブル・ループ学習

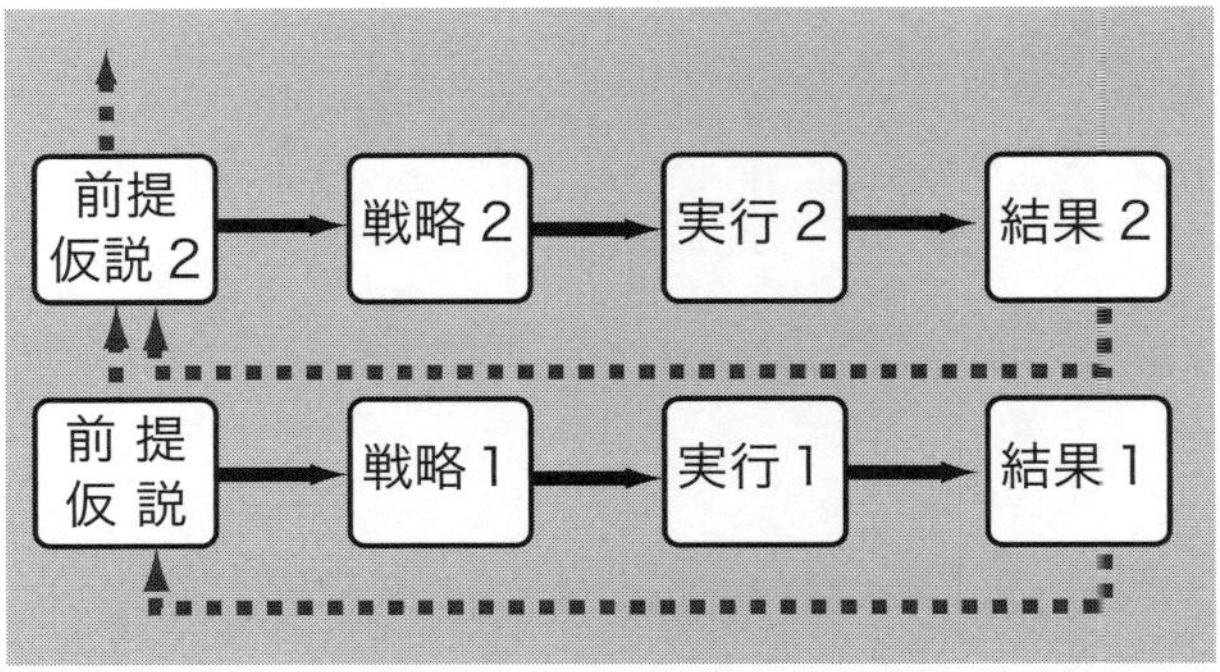

[出所] クリス・アージリス『Organizational Learning』(共著、1978年)

モノの改良を考えてばかりでは新しい発想は出てこない。経験価値から考えることでイノベーションは起こる

イノベーティブな思考は、どこから生まれてくるのでしょうか。

たとえば、「世の中にないまったく新しい目覚まし時計をデザインしてほしい」と言われたとしましょう。そうすると、新しい目覚まし時計を考えようと四苦八苦すると思います。

では、「今までの人生の中で、最もさわやかに起きることのできた朝の目覚めをデザインしてください」、こう言われるとどうでしょうか。今までの目覚まし時計とはまったく違うものを考えませんか。

つまり、イノベーションを起こすためには、どういう切り口で思考するかが重要になってきます。

「新しい目覚まし時計を作ってほしい」と言われた瞬間に、目覚まし時計というモノから人間の思考は離れられなくなります。どれだけ考えても、今までの目覚まし時計の延長線にあるモノしか浮かんできません。

ところが、「最もさわやかに起きることのできた朝をデザインしてくれ」と言われると、どんな日差しの中、どんな香りがして、どんな音がして、何をきっかけに起きるか。その場所はどんな場所で……というように、どんどんイメージを膨らませていきます。まるで目覚まし時計ではないことを考えるのです。

ということは、イノベーティブなことが起きるのは、後者の切り口です。

両者の考え方はどこが違うかというと、前者は既存製品といった「モノ」から思考をスタートさせています。対して、後者は人間の想いや願いといった「感情経験」から、それを実現させる新しい付加価値を考えているのです。

経験価値というのは、人間の想いや願いを実現させようという発想ですから、そこから製品やサービスをデザインしようとすると、利用している情景を思い浮かべ、利用する人はどんなふうに感じるのかとイメージを膨らませることができるのです。

さわやかな朝という経験からイメージして作り上げる新商品と、新しい目覚まし時計を作るというモノ視点から作り上げた商品では、顧客への提供価値がまったく違うものになるのです。

たとえば、最近出てきたイノベーティブな商品にロボット掃除機があります。

従来からある掃除機は、ゴミを吸引するということが中核価値で、人が手をわずらわせないと掃除ができません。モノ視点で新しい掃除機を作ろうとすると、今までの掃除機より軽くて持ち運びやすいとか、吸入力がアップしているといった方向になります。

ロボット掃除機は、そういった発想からは出てきません。

まったく人の手を借りずに、勝手に障害物をよけながら掃除をしていきます。このロボット掃除機の提供価値は何かというと、家事の時間を節約することです。

ロボット掃除機が人の代わりに掃除をしてくれることによって、掃除をする時間が省け、その間、人間は他のことをできるようになります。

つまり、これは掃除機という「モノ」の発想の延長線上にない商品です。

掃除機をいくら改良しても、吸引力が上がることで多少時間の短縮ができる程度で、そこに劇的な変化はありません。

一方のロボット掃除機の場合は、そもそも家事の時間を節約するにはどうすればいいかという新しいライフスタイルを提案しようという発想から生まれてきた製品です。

このように、イノベーティブなことを考えるときには、新しいモノを開発しようというアプローチではなく、新しい生活スタイル、新しい笑顔、楽しい時間……つまり新しい経験を開発しようというアプローチをしていくことが必要です。

集客戦略のイノベーション

斬新な集客戦略を打ち立てよう。見込客づくりの工夫で勝つ

ビジネスの仕掛けで非常に重要なのが、見込客リストをいかにして作るかです。

集客は顧客開発の入口部分ですから、ここでどれだけ筋のいい見込客を多く集められるかは、営業戦略の命運を握っていると言ってよいでしょう。

斬新な見込客づくりの実例を、まずひとつご紹介します。「高枝切りバサミ」の話です。

テレビショッピングでよく売られているあの商品ですが、どんな会社が売っているのかご存知でしょうか。

普通であれば、園芸業者や金物屋というように考えるでしょうが、それは違います。

実はこの「高枝切りバサミ」は、リフォーム会社が売っているのです。

「高枝切りバサミ」を買う人は、庭付き一戸建ての持ち主。しかも高いところに枝が張るほど木が育っているということは、築十年以上経っている家に住んでいる人だろうという想像が容易につきます。

築十年以上の家であれば、キッチンや浴室などの水回りから外装に至るまで、リフォームの可能性が格段に高いと言えます。

つまり、「高枝切りバサミ」の購入者リストは、そのままリフォーム会社の見込客リストに早変わりするわけです。

もうひとつ、集客戦略のイノベーションが「ビリーズ・ブートキャンプ」の話です。

米軍における新人向け基礎訓練である「ブートキャンプ」をベースにした運動で、ビデオの映像に従って7日間の減量プログラムを消化するという、短期集中型のエクササイズです。ビリー隊長という愛称のインストラクターとともに、一斉を風靡しました。

この「ビリーズ・ブートキャンプ」は某大手ネットショップA社がネットでの注文を受け付けました。

その際にA社が得られる販売手数料は非常に低く、一方Webサイトの構築や広告は、すべてA社持ち。割に合わないビジネスであったにもかかわらず、サイト運営のすべてをA社は引き受けたのです。それはなぜでしょう。

A社は、ダイエットというテーマに、ネットショッピングで14000円前後のお金を払う人たちのリストが欲しかったのです。

購入者は、Webでかなりの金額の買い物をした経験を持ち、ネットショッピングに対する抵抗感がそれほどない人たちとも言えます。

そして、ダイエットという目的に約1・5万円のお金を出す人たちでもあります。

このリストは非常に価値のあるものだったのです。A社は、その名簿をもとに次に展開するビジネスを考えていました。

たとえば、粗利の大きいローカロリー雑炊。それをA社はOEM生産し、「ビリーズ・ブートキャンプ」の購入者へクロスセリングをかけたのです。それによって、格段にその後のマーケティング効率が上がり、莫大な利益を上げることができました。

ご紹介した2つの事例はどちらも、その商品自体が非常に有名でよく売れています。しかし、本当の狙いは別にあります。商品の販売そのものが集客戦略となっているのです。他社は入手できない、その会社オリジナルの筋のよい見込客リストを作ることが目的なのです。

集客戦略として有用な見込客リストを作ることは、時間と資金を費やしてもやる価値のあることです。ひと手間かかったとしても、あなたの会社独自の斬新な集客戦略を作り上げてください。

ビジネスモデル

したたかに稼ぐ。顧客への提供価値はわかりやすく、収益構造は見えづらく

お客様に対しての提供価値、顧客価値はわかりやすくなければいけません。

その一方で、収益構造は多層化し、どうやって儲けているのか、外からはわかりにくくするというのが、うまいビジネスのやり方です。とくにインターネットの普及した今、ホームページなどでうっかり手の内をさらしてしまうと、すぐに模倣する会社が出てくる危険が高まりました。

この点、ビジネスがうまいのは、やはりマクドナルドです。

マクドナルドは、一般的な視点から見ると、ハンバーガー屋さん、つまりフードサービス業です。ところが経営戦略の側から見ると、不動産業や製造業と同じ収益構造を持っていることが見てとれます。

マクドナルドの本部には、フランチャイズ加盟店からの加盟料（不動産業で言えば敷金）と、売上に応じたロイヤリティ（不動産業で言えば家賃）が、たとえハンバーガーがひとつも売れなくても入ってきます。

また、顧客はハンバーガーを食べるつもりでマクドナルドへ行きますが、実際にはマクドナルドはハンバーガーで利益を上げているのではなく、粗利益の大きい飲料やポテトなどのオプション販売で稼いでいます。

何で稼いでいようと、フードサービス業であることには変わりはないではないかと思われるかもしれません。

しかし、マクドナルドはサービス業のロジックではなく、製造業のロジックでハンバーガーを作っています。

世界中どこでも、マニュアルどおりに作れば同じ味になるように設計されています。製造業の品質管理、量産設計の仕組みがいかされているのです。

通常のレストランは、職人の腕しだいです。そこに汎用性はありません。

マクドナルドには完全なオペレーティングシステムがあり、誰が作ることになっても、ある程度のトレーニングを積めば、ちゃんと品質と提供価値が守られるようにコントロールできる仕組みになっているのです。

つまり、カップラーメンを工場で製造するのと同じような工程の設計があるのです。

しかも、提供価値はフードサービス業のそれですから、サービスの付加価値を加算した値段をつけられます。

製造業と同じような原価で、サービス業の価格設定をするわけですから、そこに利幅を持たせることができるのです。

まさに、儲けのツボを押さえたビジネスです。

もうひとつ、ロイヤリティとは別に、食材や包装資材などが各店舗から発注された分、売れていきます。

これは、コピー機販売などと同じビジネスモデルです。コピー機はリースであれ販売であれ、本体を納品した後もコピー用紙やトナーといった消耗品を引き続き購入してもらうことで、収益を上げ続けることができます。つまり、コピー機本体と消耗品とで、複利で利益を上げられるのです。

このように、顧客価値をわかりやすくする工夫を怠らないことです。その一方で収益構造は、たとえばスポット型とランニング型を組み合わせるなど、複数の収益機会を散りばめていくことです。

世界で最も使用されている検索サイトのグーグルが、いったいどうやって収益を上げているのか、ほとんど知られていません。

お客様の利便性追求と収益構造の多層化を両立させる戦略を考え抜くのです。

ターゲティングの真価

「誰の笑顔を作るか」はっきりと絞り込めば、明確に魅力を打ち出せる。強固なビジネスモデルを築こう

ターゲットを絞るというのはマーケティングの常道ですが、絞ったターゲットに合わせて上手に魅力を打ち出している会社があります。そして、ターゲットを絞ることでさらなるメリットを出してもいます。

たとえば、カーブスがまさにそれに当たります。

カーブスはアメリカで生まれた女性専用のフィットネスクラブです。ここは、フィットネスクラブに女性が通いたがらない要因を排除し、そのことを「3つのMをなくします」というフレーズにして魅力を打ち出しました。

「3つのMをなくす」というのは、「Ｎｏ Ｍａｎ（スタッフにも利用者にも男性がいない、女性専用）」、「Ｎｏ Ｍａｋｅ-ｕｐ（化粧なし）」、「Ｎｏ Ｍｉｒｒｏｒ（鏡なし）」です。

女性は、スポーツをして汗をかいている姿をあまり男性に見られたくないものです。とくに、自分の体型が気になる人ほど、運動をする自分の姿を、男性のみならず鏡で自分が見ることも、あまり嬉しくは感じないでしょう。

そこで、男性をなくし、鏡をなくし、よって化粧も要らないという気軽に通える女性専用のフィットネスクラブを作ったのです。

そして実は、「3つのM」をなくしたことは、魅力化に貢献しただけでなく、費用面でも大きく貢献しています。

男性会員もいる他のスポーツジムとは違うため、重いバーベルやハードな機械は必要ありません。プールなどもなく、大汗をかくこともないので、パウダールームも特に必要ありません。女性のシェイプアップのためのマシンがシンプルにおいてあるだけです。

当然、男性専用の設備は必要ありません。

そのため、省スペースの簡易型になるので、駅前の好立地など、女性が通いやすい場所に出店できるようになります。駅前で利便性が高く、化粧を直す必要もないとくれば、仕事帰りのＯＬが汗をかいてそのまま家に帰れます。実に合理的なシステムです。

しかも多くのマシンがあるわけではないので、一回30分という高回転率です。

たいていのスポーツクラブは、一等地にプールやパウダールームなど立派な設備を入れ床面積も広くなるので、そこでかかる費用は入会金・会費など顧客の負担へ反映されます。結果、利用者は継続が難しくなります。

カーブスは、そういった従来のスポーツクラブとは逆に、顧客を絞り込むことによって、魅力化を行い、それがさらに合理的なシステムとなって利用者に喜ばれるといった、非常によくできたビジネスモデルになっています。

もうひとつ、ターゲットを絞り込むことで魅力化し、成功したビジネスモデルが

1993年にサービスを開始したアスクルです。普通に考えれば、法人相手の文房具のカタログ通販は、顧客企業の従業員数が多ければ多いほど売上が上がります。大企業をメインターゲットとするのが一般的でしょう。

ところが、アスクルはそれをやらなかったのです。事業展開のはじめに、小規模事業会社の総務・庶務をたった一人で兼務する女子社員を文房具屋とオフィスの往復という雑務から解放させる「久美子さんの救済」というコンセプトを掲げ、従業員30人未満の会社から門をたたき、鉛筆一本からでも届けるという、非常に手間がかかって儲かりにくいターゲットから広げていきました。

間尺に合わないようなところでも耐え抜けるようにビジネスモデルが構築されているため、結果として顧客サイズが大きくなればなるほど、利幅が大きくなり、大成功を収めたのです。

ターゲットを絞り込むことで、より明確な魅力を打ち出すことに成功し、それによってますます強固なビジネスモデルを構築できた例と言えるでしょう。

実は、怠け者のアリがイノベーションを起こしていた。「今日の仕事」を休んでみよう

イノベーションを起こすヒントは、昆虫のアリの世界にも潜んでいます。

アリというのは、数も多く、世界中に分布しており、地球上で最も強い生物のひとつです。また、集団を作り、社会階層のような区分けがあるといった点から、社会性昆虫と呼ばれています。

働きアリは、エサを探しに出かけます。エサがどこかにないか、しばらくウロウロと歩き回って首尾よくエサを見つけると、それを巣に運ぶために、来たときと同じルートをたどって巣に戻ります。ウロウロ歩き回ったルートも律儀になぞって巣にもどってい

くのです。

このとき働きアリは、フェロモンを分泌してエサから巣までのルートに道しるべをつけていきます。

すると、次から次へと働きアリが、そのフェロモンのあとを通って、巣とエサを往復してエサを巣へと運んでいきます。フェロモンのとおりに歩くため、最初のアリがウロウロした回り道のルートを往復することになります。


ところが、働きアリのなかに怠けているようにしか見えないアリが現れるのです。

この怠け者のアリは、他の働きアリがせっせと往復しているルートを通らず、脱線していきます。ときには立ち止まったりしてサボっているようにしか見えません。

でも、ふと気づくと偶然、すぐ目の前に他の働きアリたちがいる。そこへ合流したら、実はそのルートが巣とエサの最短距離だったという現象が起きるのです。

そうなると今度は、元のルートと怠け者が開拓した新ルートの2つのルートに働きアリは分かれていきますが、そのうち短時間で往復できるルートのほうが、フェロモンが強くなるため、新ルートを選択するアリが増えていきます。

そして最終的には、最短距離のルートのみが残るのです。

この最短ルートは、怠けているように見えるアリがいるからこそ見つかったルートです。回り道でも愚直にエサを運んでくるアリより、脱線しているようなアリが非常にイノベーティブな方法を見つけてしまうというのが、アリの世界でのルート開発で一般的なのです。

この怠け者のアリは、一見非効率な存在です。他のアリは、たとえ回り道であっても休まず愚直にエサを運び続けます。その作業を放棄してしまうのですから、効率的に作業をする上では、非効率な存在です。

ですが、この非効率なアリは、イノベーションを起こすために必要な存在なのです。

人間も動物、生物です。アリと同じ動物であり、植物と同じ生物です。生物の世界から人間が得られるヒントは、まだまだたくさんあると考えられます。

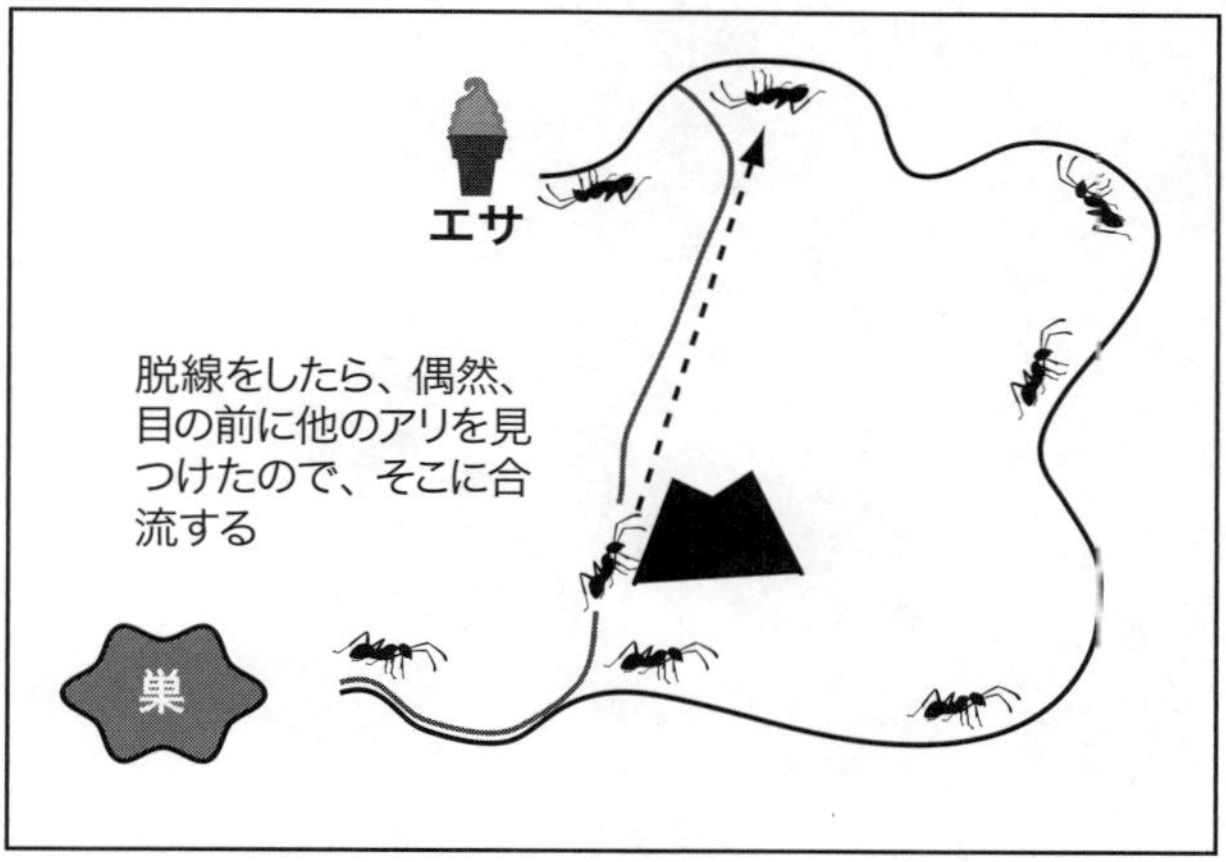
エサ
脱線をしたら、偶然、目の前に他のアリを見つけたので、そこに合流する
巣

［出所］『生き残る生物 絶滅する生物』（泰中啓一・吉村仁　2007年）

人間の世界でも、従来のやり方に無批判に従って作業をしているだけでは、イノベーティブな新しい方法は生まれてこないでしょう。

今の延長線上で一生懸命に「今日の仕事」に励むだけでなく、一度、ルートを外れて、違った角度から世の中を見ると、まったく新しい発見があるということです。

あるアメリカの郵便会社は、このアリのような探索方法を応用してルートの再開発を行い、大幅なコスト削減に成功したそうです。

「今日の仕事」を休んで、業務フローを見直してみてはいかがでしょうか。

第4章

顧客価値

「よいモノを
作れば売れる」
というのは
幻想にすぎない。
お客様は
見えないところを
感じ取る

経営者にとって、価値とは顧客価値以外にない。顧客創造と顧客価値創造に、できる限りの時間を割こう

人間が生きていくためには、空気と水が必要です。
同じように企業が生きていくために絶対に必要なもの、それはお客様の支持です。

つまり、経営者にとって商品・サービスの価値とは、顧客に提供する価値、顧客価値以外にはありえないのです。これがマーケティングの哲学です。
そして、経営の仕事とは何かと言ったら、ひと言で言えば、顧客創造と顧客価値創造です。

顧客創造とは、マーケティング活動と営業活動です。
顧客価値創造とは、自社が生み出した商品・サービスを顧客の欲しがるスタイルに高めていくことです。

つまり、マーケティング・営業活動にどれだけの時間を割いているか。
商品・サービスの開発と魅力化にどれだけの時間を割いているか。
このふたつ以外は、極端なことを言えば事業成功の必要条件ではないのです。

そして、顧客価値には4種類の価値があります。

1．結果価値／プロセス価値
顧客満足と深くかかわってくる概念で、最終的な商品から顧客が得る価値を結果価値、商品を手に入れるまでの過程や購入後のサービスとして顧客が得る価値をプロセス価値と言います。

プロセス価値は商品の付加価値として、魅力化・差別化のポイントとなります。

2. 機能的価値／情緒的価値

商品・サービスの客観的に評価できる機能や効果といった点から顧客に伝えられる価値が機能的価値、商品・サービスを手に入れ利用することで顧客が得られる気分や感情を情緒的価値と言います。

3. 現実的価値／政治的価値／戦略的価値

この3つの価値基準は、とくに営業活動において重要です。

現実的価値とは顧客にとって損か得か。

政治的価値とはそれによって顧客が、たとえば社内政治上のメリットを得られるかどうか。

戦略的価値とは経営戦略上、顧客に対してどういったメリットがあるのかという価値の判断基準です。

4. 絶対的価値／相対的価値

絶対的価値とは「お孫さんの声」とか「お母さんの作ったカレー」など、他に取り換えようのない価値のこと。

それに対し、相対的価値とは、「並・上・特上」や「箱根か熱海か」など、並べたり比べたりしてはかる価値のことです。

このように顧客価値を細分化してみると、お客様に対してまったく与えられていなかった価値に気づいたり、親切でなかった行程などが発見されたりします。

お客様が必要としている便益（商品・サービスからもたらされる効果・効能）を多角的に再考してみてください。

結果価値／プロセス価値

自社の商品価値をあなたのお客様仕様にしてみよう。お客様は、見えないところを感じ取っている

お客様の立場から見て、購入した結果、何が手に入るかが結果価値、欲しかったものをどうやって手に入れて、その後、どうしてもらえたかがプロセス価値です。

簡単に言うと、結果価値とは商品そのものが持つ価値。プロセス価値とは商品を手に入れるまでの過程や購入後のアフターサービスなどから顧客が見いだす価値です。

たとえば、ラーメン屋さんであれば、注文して出てきたワンタンメンそのものが結果価値です。プロセス価値は、店員がとても親切に案内をしてくれたとか、何時間も並ん

でようやく食べられたとか、顧客がラーメンを食べるまでの過程で生まれる価値です。

「お客さんっていう種族は、見えないところを感じ取るんだよな。だからおっかないんだよな」

これは、際コーポレーションの中島社長の言葉です。

中島社長は経営する各店舗を見るとき、雑巾を持って、ホールの机と椅子の脚を拭いてみるそうです。いいお店は、ピカピカに掃除がしてあるため、油ひとつ膜を張らない。あまりよくないお店は、雑巾をひっくり返さないと他のところを拭けないほど、一回で雑巾が汚れてしまうそうです。

そこで中島社長は、あまりよくないお店の机や椅子の脚、中華鍋の裏といった、お客様から見えないところを2週間徹底的に掃除させたそうです。

すると、不思議なことに2か月経ったら、売上が2倍、3倍と伸びていったそうです。スタッフもメニューも雰囲気も何も変えていないのに、なぜか売上だけが上がるのです。

もちろん、朝に時間をかけて他の店がやらないところまで掃除をすると、開店前にスタッフ全員の気合いが入り、声には張りが出て自信を持って店舗を運営できるということも、売上アップに関係しているかもしれません。

しかし、それよりも、そのお店の全スタッフが緊迫感を持って掃除をすることによって、お店に見えない気迫が生まれ、それをお客様が感じ取っている成果だと感じられたそうです。そういうことが、最後にお客様の信頼を生むとおっしゃっていました。

これぞ真のプロセス価値です。お客様にはわからないはずのところまで、手を抜かないできっちりやった商売は連続性を生み、成功していくということでしょう。

某大手ハウスメーカーの創業社長はこうおっしゃっていました。

200万～300万円の車を買おうと思ったら、コストパフォーマンスが気になるが、2000万円の車を買おうと思ったら、コストパフォーマンスでは決められない。

家には、200万～300万円のものはないから、そもそもコストパフォーマンスで家は売れない。では、なぜ売れるのかというのをずっと考えているうちに、モデルルームを見ていて気がついたそうです。

お客様は非常に些細なところから、企業の姿勢、本気度合いのようなものを感じとって、ハウスメーカーを決めていらしたそうです。

たとえば、住宅展示会場のスリッパが一社だけきれいに並べられていた、申込アンケートを書くテーブルのところの椅子がきっちりと整っており、座ろうとしたら椅子を引いて座らせてくれた、自分たちの車が展示会場の門を出るまで見送ってくれたなど、本当に些細なところを見て、ハウスメーカーを決めていたのだそうです。

結局、家そのものはどのハウスメーカーが建てても、価格・機能はほぼ横一線。つまり結果価値にはほとんど差がないところで、最終的には営業姿勢を見て購入を決めてくださったということでしょう。

顧客価値におけるプロセス価値の究極はまさにそこにあるのでしょう。

商品という実物の価値だけでなく、そこに到達するまでの過程やアフターサービスからも、価値を見いだすのがお客様であり、最終的には目には見えない「汗」を感じて判断しているのがお客様なのです。

だからこそ、営業の本質は、お客様の幸福を支援する姿勢にあるのでしょう。

顧客に商品性能を押しつけない。会社独自のUSPで勝負しよう

商品やサービスの価値は、2つの側面から顧客に伝えることができます。機能的価値と情緒的価値です。

たとえば、セブンイレブンの場合、4000アイテムの生活必需品を取り揃えていることは機能的価値です。一方、利便性が高くて、安心感があって、いつも新鮮さがあるといったイメージが情緒的価値です。

ハンバーガーをお腹いっぱい食べて空腹を満たすことができるのが、マクドナルドの機能的価値です。一方の情緒的価値は、活動的で若々しく、嬉しいといったイメージで

しょうか。

つまり、商品やサービスを利用することで得られる、お客様の気分が情緒的価値です。テレビコマーシャルは、情緒的価値に訴えるように作るのが常道となっています。

もし、マクドナルドのコマーシャルを機能的価値で作ったとしたら、ビッグマックのカロリーはどれくらいで、一個食べれば大人でも一日に必要なカロリーが摂取できるので、これ一つで十分ですといった感じになるでしょう。これでは商品は売れません。

そうではなくて、子どもたちが母親と楽しそうに笑っていたり、スタイリッシュな若者がコーラを飲んで喜んでいたり、忙しそうな人がニコニコしながら、マクドナルドのハンバーガーを持っているなど、非常に活動的な人たちの生活の中に溶け込んでいるというイメージの映像を流します。そして最後に「I'm loving it.」と、キャッチコピーで締めくくる。これが情緒的価値で作成したコマーシャルです。

たとえば、洗濯機であれば、その機能的価値は衣服の汚れを落とす力や節水性などが挙げられるでしょう。一方の情緒的価値は、洗濯機のすぐ横で赤ちゃんがすやすや眠っているコマーシャルの映像で伝えたりします。最近の洗濯機はスプリングがよくなったため、ガタガタと騒音や振動を発しません。「深夜でも使えるんだ！」それが情緒的価値としてお客様へ伝わっていきます。

レストランなどではとくに、この情緒的価値が重要になっています。なぜなら、外食は既にファッションになっているからです。つまり、顧客は自分の個性やスタイルを、行きつけのお店で表現しています。ただ空腹を満たすだけの飲食店に見えても、「手軽さ、利便性」という情緒的価値で勝負しているのです。

ショッピングは品揃えよりも、エンターテインメント性が大事になってきています。ただ着るものを選ばせるとか、ブランドの服が買えるということではなく、見つけるまでのプロセスや欲求の想起がエンターテインメント性をともなっていないと人が集まらなくなってきました。

次に商品よりも強烈なメッセージ、独自の売りであるＵＳＰについて説明します。ＵＳＰ（ユニーク・セリング・プロポジション）とは、マーケティングの巨匠ロッサー・リーブスの提唱する理論で、会社独自の特徴的な売りを繰り返し訴えて、独自の売りが顧客の記憶に残るようなマーケティング手段を言います。

有名なのはドミノ・ピザです。「30分以内にアツアツのピザを届けます。もし31分かかったらお金はいただきません」というあのキャッチコピーです。

商品のおいしさや名前は二の次で、顧客にとってドミノ・ピザならではの価値あるセールストークが頭の中に残ります。何か出前をとって食べたいと思ったときに、真っ先にあのキャッチコピーが思い浮かぶのです。

「180日間返金保証」や「BUY 1 GET 1 FREE!（もしお店まで取りに来てくれたら、もう一枚ピザをサービス）」というキャッチコピーも同様の効果をもたらします。

USPはその内容しだいで、爆発的な効果をもたらすときもあれば、顧客からの冷ややかな反応を引き出すときもあります。

USPさえ作ればよいというものでは、もちろんありません。

最近、マクドナルドが仕掛けた「もし60秒以内にセットが揃わない場合は、ビッグマック1個を無料プレゼントします」というUSPは、あまりうまくいかなかったようです。ビックマックをタダでもらっても、食べきれないからかもしれません。

現実的価値／政治的価値／戦略的価値

営業活動で提案する相手は誰か。訴えかける価値を使い分け、最適なアプローチを考案する

営業活動において、重要になってくるのが、現実的価値／政治的価値／戦略的価値という3つの価値の使い分けです。

現実的価値というのは、その営業マンが好きか嫌いか、その営業マンと付き合うのは得か損か、その商品を購入したら業務が楽になるかという視点から、その営業マンから商品やサービスを購入するかどうかを決定する評価基準です。

政治的価値とは、その営業マンや会社と付き合ったり商品を購入することによって社内での好印象を得られるかや、自分が責任を取らずに済むかといった観点から、その営

業マンから商品やサービスを買うかどうかを決定する評価基準です。
戦略的価値とは、商品・サービスを購入することが経営戦略上どのようなメリットがあるか、どのような顧客価値を生み出すことにつながるかといった視点から、購入意思決定をする評価基準です。

ここで重要なのは、営業マンが提案するのは誰かということです。提案する相手によって、訴えかける顧客価値が変わるのです。同時に営業マン自身に求められる資質も変わってきます。

たとえば、相手が個人の場合、あるいは法人でも現場の一担当者へ営業提案する場合であれば、訴えかけるべきは現実的価値です。

この場合、営業マンの資質として大切なのは、誠実さ、マメさ、親切さ、いい人かどうかというパーソナリティ面です。コモディティ商品などのどこから買っても変わらない商品であれば、この営業マンが好きだから、いい人だから、この人から買おうというような行動を顧客は取ります。つまり、営業マンの人柄が大事なのです。

相手が法人の場合、とくに提案する相手が管理職である場合、顧客が重視するのは政治的価値です。

そこで問われる営業マンの資質は、プロフェッショナルな能力があるかどうかです。とくに法人の管理職が提案相手であれば、優秀な営業マンと付き合うことでその知識や能力、人脈を利用できたり、社内での立場を強化できるということが、政治的な価値となりえます。

極端に言えば、嫌いな営業マンであっても、こういう提案をしてくれて、発注後のプロジェクトを任せられるのも、その営業マンしかいないというのであれば、その営業マンへ発注しようということになるでしょう。

そして、営業の相手が経営者や経営幹部の場合、訴えかけるべきは戦略的価値です。

そこで求められる営業マンの資質は、とくに相手がオーナー経営者の場合は、パーソナリティ＋プロフェッショナルな能力という両方の力量が必要になります。

なぜならオーナー経営者は、個人でもあり法人の代表でもあるからです。会社の戦略

	キーマン顧客の属性	必要な価値	営業上のプロセス価値
㊕ 戦略的価値 ↑ ㊡ 政治的価値 ↑ ㊣ 現実的価値	オーナー経営者	㊣＋㊕	パーソナリティ（人間性） × プロフェッショナリズム（専門性）
	法人の経営者	㊣＜㊡＜㊕	プロフェッショナリズム
	管理職層	㊣＜㊡＞㊕	・ストーリー提案 ・資料提供 ・プロ的サービス × パーソナリティ
	担当者層	㊣＞㊡＞㊕	・損か得か ・上司にほめられる資料提供 ・好きか嫌いか ・楽になれるのか × パーソナリティ

上、有用な商品・サービスであって、それを提案する営業マンが役に立つ人間であり、なおかつ個人としても人柄を気に入っているのでなければ、提案する商品やサービスを購入してもらえません。

このように、営業活動をする相手によって重要な価値は変わり、それに合わせて対応することが必要なのです。ところが、この点をきちんと区別せずに法人に対して営業アプローチをかける会社が世間には数多く見受けられます。非常にもったいないことです。

人間の欲求を地の果てまで追い求め それを満たす工夫こそがビジネスである 顧客の「不満・不安・不足」「欲しい・嬉しい・やってみたい」は何か？

お客様を笑顔にすることが利益の源泉。

となれば、顧客心理、つまりお客様の気持ちを地の果てまでも追いかけなければなりません。

お客様の気持ちは、大きく2つに分けることができます。

一つ目が、お客様の抱えている本当の不満、本当の不安、本当の不足とは何かということです。

お客様からの苦情やクレーム、返品・返金の申し込みには、偽らざる不満・不安・不足が表れます。こういった生の声こそ「眼横鼻直」に受けとめなくてはいけません。作り手側・売り手側の言い分はあるにせよ、それでフィルターをかけてしまったら、顧客価値へフィードバックすべき貴重な声を無駄にすることになります。

化粧品に対する女性の本当の不満・不安・不足を数十年間集め、それを解消するためにできた無添加化粧品会社がファンケルです。

経営の本質が人類を幸福にしていない何かと戦うことであるならば、顧客心理の不満・不安・不足は何かを考え抜き、それをなくすために戦っている、まさに経営の王道を実践している会社です。

不満・不安・不足というテーマに修飾語をつけるとすれば、「今の」とか「現状の」という言葉になります。つまり、現状、誰かに解決してほしい課題ととらえられます。

地の果てまで追いかけるべき二つ目の顧客心理は、本当に欲しい、本当に嬉しい、本当にやってみたい（使ってみたい）という心理です。

こちらは、「いつかは」とか「夢にまで見た」というような修飾語が浮かび、お客様の未来提案としてとらえられます。

一つ目が顧客のネガティブ（現実的）な心理面に着目したのに対し、二つ目は顧客のポジティブ（将来的）な心理面に着目したものと言えます。どちらもお客様の大事な気持ちであることに変わりはありません。

ただし、一つ目の「本当の不満・不安・不足」が、今ある商品やサービスに対する苦情やクレーム、あるいは不満点といったかたちで表れやすいのに対し、「本当に欲しい・嬉しい・やってみたい」という顧客の気持ちを読み取るのは、なかなかに難しいと言えます。潜在ニーズという言葉がありますが、顧客自身も気づいていなかったり、心には何か湧き上がるものはあっても言葉にできずにいたりするからです。

ですから、この2つの顧客の気持ちは、地の果てまで追いかける必要があるのです。追いかけた先にはビジネスチャンスが待っています。

商品・サービスの提供価値＝顧客価値は、この2つの顧客心理に訴えかけるものがなければなりません。これこそ、どこまでも普遍的な絶対的価値となります。

絶対的価値は代替不可能な価値。もし、あなたの会社の商品・サービスが世界で唯一の絶対的価値を持つことができれば、その価値を求める人は全員が買ってくださるでしょう。「本当の不満・不安・不足」を解消してくれて、「本当の欲しい・嬉しい・やってみたい」を満たしてくれる商品がこの世にひとつしかないのであれば、顧客にとって、もはや値段は関係ないのです。

逆に、他の商品が持っている絶対的価値を、自社の商品は持っていないとなったら、顧客はあなたの会社の商品やサービスにお金を出しません。

絶対的価値がないなら相対的価値があります。相対的価値とは優位特性。何かと比べての価値です。比べるものによって、時と場合によって変わってしまう価値です。

絶対的価値を手に入れるために、顧客の本当の心理とは何かを追い求めるのです。

顧客の期待どおりの価値ではまだ足りない。リピート率を上げるのは、顧客感動経験と忘れられない工夫

あなたの会社の商品やサービスを利用してくれたお客様が、二回三回と利用してくれる。これはとても嬉しいことです。顧客リピート率を高めるためには、どうすればいいのでしょうか。顧客リピート率を高める要因は2つあります。

一つ目は顧客が感動を覚えるような経験です。たとえば、「お客様は左利きでいらっしゃいましたよね」と、そっと左利きに合うようにテーブルがセッティングされているレストラン。客室の冷蔵庫を開けたら、自分がアルコールは飲まないということを覚えておいてくれて、全部ノンアルコールになっているホテル。

そういった自分を覚えておいてくれたとか、自分を知り尽くしてくれているという顧客感動を経験した人は、そのサービスから離れられなくなります。

商品やサービスに対して顧客があらかじめ持っている期待値を満たす。つまり顧客満足を100パーセント満たすことは、リピート率の向上につながるでしょうか。

たとえば、おいしい醤油ラーメンを食べにきたお客様が、実際に食べてみたら思ったほどではなかったら、がっかりします。もうその店には来たくないと思うでしょう。

では、おいしい醤油ラーメンを食べにきたお客様が思っていたとおりの味だった、期待どおりおいしかったなと思ったときはどうでしょう。このラーメンは結果価値を満たしています。

ただし、これはあくまでもお客様の心のなかで、また来ようかな、来てもいいなという分類に入るだけのことです。必ずまた来るということとは、また別の話です。

つまり顧客満足を100パーセント満たしたからといって、それは二度と利用したくないという心理にはならないというだけです。顧客満足とはそういうものです。

お客様のあらかじめ持っている期待に対して、いい意味での裏切りが5～10パーセント加わってはじめて、お客様はまた来ようということになります。たとえば、普通の醤油ラーメンが出てくると思っていたら、チャーシューが五枚も入っていたというようないい裏切りが顧客感動を生み、次の来店につながるのです。

ただ、次にお客様が利用するときは、前回の105パーセントの満足が新しい基準、つまりそこが100パーセントになるため、顧客満足でリピートさせ続けるのは非常に難しいのです。

そこでお客様を知り尽くし、結果価値だけでなくプロセス価値を生み出し、顧客感動の味あわせ方を変えていくことで、常にいい意味での裏切りを加え続けるのです。これがリピート率向上戦略の要点のひとつです。

リピート率を上げる二つ目の要因は、忘れられない工夫です。どういうことなのか、ハンバーガー店を例に考えてみましょう。

モスバーガーとマクドナルド。味はどちらがいいと思うか尋ねると、ほとんどの人はモスバーガーのほうがおいしいと言うでしょう。サービスやお店の雰囲気なども悪くありません。つまりモスバーガーの顧客満足度は高いと言えます。一方のマクドナルドはというと、味はおいしいけれど驚くほどではなく、サービスやお店の雰囲気なども普通です。しかし、売上高、リピート率はマクドナルドのほうが高いのです。

顧客満足がリピート率を上げているわけではないのがおわかりいただけると思います。

では、なぜマクドナルドのほうが売上もリピート率も高いのか。それは、マクドナルドが顧客からけっして忘れられない戦略をとっているからなのです。

モスバーガーを食べたときはおいしいと思うけれど、忘れてしまう。マクドナルドは忘れられそうになる前に、何かしらキャンペーンをやっていたり、コマーシャルを目にしたりで、忘れられようがない工夫をしているのです。

そのため、ハンバーガーを食べたいと思ったとき、必ず選択肢にマクドナルドは登場します。まっさきにマクドナルドを思い浮かべるといっても過言ではないでしょう。

このように、リピート率を上げるのは、顧客感動経験と忘れられない工夫なのです。

購買動機となる物差しは価格、機能、簡便性の三つ。だが、圧倒的な魅力を打ち出せば、一点突破で勝つこともできる

顧客の購買動機となる要素は3つあります。1・価格、2・機能、3・簡便性。この3つです。

この3点すべてにおいて圧倒的に強く、発売以来30年間勝ち続けている商品があります。日清食品の「カップヌードル」です。

つまり、安く、値段の割りにおいしく、しかも簡単に食べられる。これほど頭抜けている商品はカップ麺業界にはほかにありません。カップヌードルより売れるカップ麺を作るとしたら、違うルールの戦い方をしないと厳しいものがあります。

かなり歴史をさかのぼることになりますが、三越デパートの前身にあたる越後屋のモデルをご紹介します。日本一の大商人とうたわれた越後屋の創業者・三井高利翁は、今まで顧客である大名や旗本屋敷に出向いて販売をしていたスタイルをやめ、反物をお客様側から店まで買いに来てもらう方法に切り替えました。これが「店前現銀売り《たなさきげんぎんう》」という日本初の店舗販売モデルです。

次に、お客様の必要な長さだけ、反物をはかって売る「切り売り」という提供方法を編み出しました。これにより、一反すべてを買う必要がなくなり、家族が同じ柄の着物を着なくてもすむようにしたのです。

さらに、値引き交渉が当たり前の時代に、最初から値引きした料金の値札を商品につけて販売するという「正札付《しょうふだつ》き現銀掛値無《げんぎんかけねな》し」という商法で販売。世界商業史上から見ても画期的なやり方を実践したのです。

このように、価格・機能・簡便性の3つすべてで、他を完全に凌駕できることが理想です。

自社の顧客価値は、魅力的な価格設定、差別化が可能な機能性、利用しやすさにおいて、勝っているものかどうか検証してみてください。

既存商品においても、その価格と機能と簡便性という観点からリニューアルすることで、生まれ変わることのできたものがあります。

たとえば、キャラメルは、昔は七五三の千歳飴のように長いもので、一回袋を開けたら、ずっと食べていなければならないようなものでした。

それをグリコが短時間で食べ切れるように、小分けにして包装し、携帯できるような今の形状にしました。それが売れたのです。いまだに、小さな箱に10粒ほど入ったパッケージで売れています。

ところで、価格、機能、簡便性は購買動機となる三要素ではありますが、その3点すべてで競合商品に負けてはいけないかというと、そんなことはありません。

たとえば、簡便性が悪いことは、場合によってはそれがブランド化につながることがあります。世の中には、東京からわざわざ長野までおそばを食べに行く人もいます。どうしても安曇野の本わさびで、本場の信州そばが食べたい人にとっては、そのアクセス＝簡便性の悪さがかえって価値になるのです。

また、「野田岩」といううなぎ屋があります。天然のうなぎにこだわっているお店で、もはやブランドです。今日は近くのコンビニの安いうな丼がいいか、それとも野田岩のうなぎにしようかという比較を、顧客はしません。代替不可能な魅力が、そこにはあるからです。

とすると、顧客の購買動機として価格、機能、簡便性という基準はあると言っても、他社の追随を許さない圧倒的な強みを顧客に伝えることができれば、トップブランドとしての差別化は可能となります。

顧客価値＝商品価値×魅力化。どうしても欲しくなる衝動を顧客に与えよう

顧客価値とは、商品価値と魅力化の掛け算です。

たとえば、顧客に提供する価値がリンゴだとします。リンゴ農家の人が一生懸命育て、傷もなく美しくつやつやとしたおいしいリンゴができた。このリンゴ自体を商品価値と言います。商品価値を磨き上げるのが、まずひとつの経営努力です。

そして、魅力化とは、たとえば表現によってリンゴの魅力をさらに高めることです。

一つひとつ丁寧に袋詰めにし、ＰＯＰをつける。生産者の笑顔の写真の下に、コメントをつけて、「長野県で完全無農薬で作ったリンゴです。日の当たりもよく、糖度は15パーセント以上あります」と書きます。蜜がぎっしりと詰まったリンゴのなかの様子も見せます。これが魅力化です。

魅力化のプロペラ

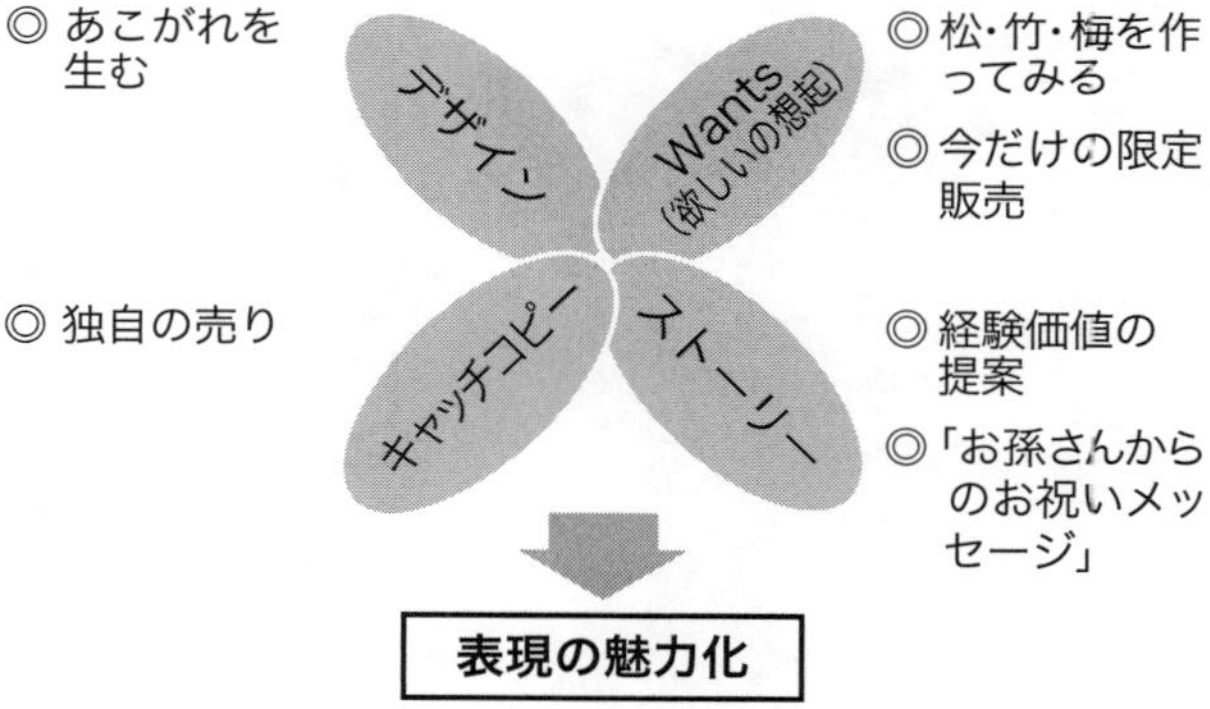

つまり、商品価値を提供価値に昇華させることが、表現の魅力化です。

魅力化には4枚のプロペラがあります。欲しい（ｗａｎｔｓ）の想起、デザイン、キャッチコピー、ストーリーの4要素です。

「欲しい」という感情は創り出すものであり、芽生えさせるものです。そのためには、商品のみならず、パッケージやディスプレイ、広告のＰＯＰに至るまで、あらゆるデザインに気を配らなくてはなりません。デザイン性こそ、「あこがれ」という最強の差別化を生むのです。そして、購買動機を決定づける「奇跡のフレーズ（キャッチ）」を考え、顧客が経験したいと願うストーリーを考案してください。

作れば売れる商品などない。「売れ筋」と「売れる売り方」があるだけ。ストーリー、ネーミング、キャッチで商品を魅力化せよ

売れる商品はどうやって作るのだろうと考えてはいないでしょうか。

いい商品を作れば、勝手に売れていくと思ってはいないでしょうか。

売れる商品がある、いい商品であれば売れる、それは錯覚です。

あるのは、「売れ筋」と「売れる売り方」だけです。

「売れ筋」というのはトレンドです。『日経トレンディ』や『日経ＭＪ』には、売れ筋商品のランキングが掲載されています。

たとえば、毎年12月になると、クリスマス・ソングのコンピレーションアルバムが必

ずといっていいほど、ＣＤのランキングにランクインしてきます。少なくともクリスマスまでの１か月は売れ筋商品となります。

「売れる売り方」というのは、ストーリーだったり、味あわせ方だったり、デザインだったり……、つまり商品の魅力化です。

たとえば、グミというお菓子があります。ガムでも飴でもない、その中間のようなグミは、１９７０年くらいからありましたが、市場規模としては、ずっと１００億円程度のビジネスでした。

それが２００７年あたりに突然３００億円のビジネスにぐんと跳ね上がったのです。

この売上向上のきっかけは、ある商品のパッケージに書かれた、たったひと言です。

パッケージの一角に、「食べるコラーゲン」と入れた、それだけです。そのひと言で、これまでお菓子として認識されていたグミが、美容・健康のサプリメントとしても認識されるようになったのです。ネーミング、キャッチコピーで商品を魅力化したのです。

これが「売れる売り方」です。

また、女性の化粧品には、つけまつげのマーケットとマスカラのマーケットがありました。マスカラというのは、まつげを長く濃くカールしているように見せる化粧品です。ある会社は、マスカラを女子高生に売りたいと考えました。あえて、マスカラを女子高生にはあまりなじみのないマスカラと言わずに、「塗るつけまつげ」と称して売ったのです。これが爆発的に売れました。これもネーミングでの勝利です。

ファンデーションにも一斉を風靡した商品があります。中身は特別なことのない、どちらかというと普通のファンデーションなのですが、ちょっとした説明書きを入れることで、これも爆発的に売れました。なんという説明かというと、「デジカメ、プリクラ栄えするファンデーション」です。

「野田岩」といううなぎ屋さんは、天然のうなぎにこだわっています。天然ものがほとんど入ってこない冬場はしょうがないものの、夏場はできるかぎり天然のうなぎを出しているお店です。

ここのお箸を入れる袋の裏側にはこんな注意書きがあります。「うなぎが飲み込んだ針にご注意ください」と書いてあるのです。

これを読んだら、さすが天然のうなぎ屋は客にも食べるのに覚悟をさせると思わざるを得ません。そこから「野田岩」のクオリティを想像してしまうのです。

「売れる商品」を追い求めるというのは、商品の結果価値、機能的価値だけで勝負しようという姿勢です。しかし、プロセス価値や情緒的価値を加えて、商品を魅力化すれば、顧客価値はもっと上がるのです。それが「売れる売り方」があるということなのです。

作っただけで、あとは勝手に放っておいても売れていく商品などないのです。ストーリーやネーミング、キャッチコピーなどで、商品の魅力化をしてはじめて、商品は売れるようになるのです。

今、Web上で売れている健康食品や美容液なども、商品の品質で売れているわけではなく、売れる売り方をしているから売れているのです。

「売れる売り方」に大幅な設備投資や研究開発は必要ありません。味あわせ方を変えていけばいいのです。

あなたのビジネスに連載マンガはあるか。連続性と忘れられない工夫が、顧客をとりこにする

経営者の方でゴルフをされる方は多いと思います。なかには『ゴルフダイジェスト』と『パーゴルフ』という雑誌をご存知の方もいらっしゃるでしょう。

この2冊は、ご覧いただくとわかりますが、ゴルフ技術に関する内容レベルには大きな違いはありません。ゴルフのスイングの基本にそう大きな違いはないのですから、当然、そうなります。

たとえば今週の『ゴルフダイジェスト』は「10ヤード先に飛ばすドライバー」、『パーゴルフ』は、「4オン2パットで80を切る」という特集をしていたので、ドライバーの

飛距離が気になるあなたは『ゴルフダイジェスト』を買ったとします。では、来週はどちらを買うことになるでしょうか。来週、もし『ゴルフダイジェスト』でドライバーの特集をしていなかったら、『パーゴルフ』を買うかもしれませんね。

ところが、どちらの読者もおおむね次も同じ雑誌を買い求めます。そこに商売の連続性、つまり顧客のリピートを生むひとつのコツが存在するからなのです。

『ゴルフダイジェスト』にも『パーゴルフ』にも連載マンガが掲載されています。あなたは、各号の特集記事が何であれ、マンガの続きが読みたくて、また続けて同じ雑誌を買うようになるのです。

ほとんどの女性ファッション誌も、お気に入りのいくつかの連載マンガや連載コーナーの続きが気になるから買い続けてしまい、結果三十歳代後半になっても買い続ける人がいるそうです。

週刊のゴルフ雑誌や女性ファッション誌のような、連続性を生み、次に販売されるのが待ち遠しくなるような忘れられない何か、次を待たせるエネルギーが、あなたのビジネスにはあるでしょうか。ぜひ一度考えてみてください。

わかりやすさは重要だ。顧客が購買をやめようとするような商品提案をしてはいないか

提供価値にはわかりやすさが必要です。顧客を惑わせたり購入を控えさせないというのも工夫のひとつです。

お客様が購買意思決定をしやすいように、こちらでお客様に成り代わって選択肢を絞り込んであげるのです。

よくある松・竹・梅の三階層も、お客様に意思決定をしてもらいやすくする工夫のひとつです。このように並んでいると、たいていの人は竹を選びます。つまり、竹を選びやすくするために、あえて3つの選択肢を置いてあるのです。

品ぞろえが豊富といっても、商品が300種類もあったら選びやすいでしょうか。なんでもあると、お客様はかえってなかなか決められず、選びづらくなります。お客様は迷い惑った挙句、結局何も買わずに出ていってしまうかもしれません。

迷い・惑うことと、選ぶこととは違うのです。

「販売」というのは、お客様に商品をたくさん買っていただくのが目標です。

一方、「営業」は違います。営業はお客様への幸福提供業であり、顧客価値選択のサポート業でもあるのです。

つまり、お客様に最適で、わかりやすい商品ラインナップを提示することで、顧客価値をよりうまく伝えると同時に、お客様によりわかりやすく選択していただけるようにするのです。

品揃えや商品ラインナップ、味あわせ方、ディスプレイ……お客様を迷わす要素はないか、選びやすく、注文しやすい提案となっているかを一度確認してみてください。

ブランドのない顧客価値は劣化する。ブランドとは「サービスの個性」であり、「顧客との約束」である

顧客価値は必ずと言っていいほど劣化します。劣化する理由として、第一に顧客は加齢化します。第二に顧客は飽きます。第三に顧客は忘れます。なのに、競合は増えていきます。ここにブランド化の必要性が生まれます。ブランドは最大の差別化要因であり、顧客から飽きられること、忘れられることを防ぎます。

ブランドの語源は、そもそも自分のところで育てている牛と、他人の牛とを区別するために、牛につけた焼印を意味するバーン（Burn）というギリシア語です。

時代が進んで、スコットランド地方で造られたシングル・モルト・ウイスキー、スコ

ッチ・ウイスキーが人気になると、多くの偽物が出回りました。そこで偽物と本物とを区別するために、本物の証としてラベルをつけました。これが商標のはじまりです。自分のものを他人のものと区別することを目的としていた時代から、本物と偽物を区別する時代に移り、そしてあこがれられる対象としてのブランドになっていくのです。

ブランドがもたらす無形の資産価値をブランド・エクイティと言いますが、そんな難しい言葉で考える必要はありません。

カリフォルニア大学名誉教授・デイビット・アーカーの言葉ですが、ブランドとは「顧客との約束」です。顧客に対する品質の保証であり、顧客のあこがれを満たすことを約束するものであり、利用者のアイデンティティの表明、デザイン……そういったメッセージをブランドにのせて、顧客と共有するものなのです。

誠実で真摯なサービスの提供をし続けることにより、顧客の記憶に「信頼」と「あこがれ」が植えつけられます。ブランドは顧客との強固で絶対的な関係を維持するために欠かせないものだと言えます

第 5 章

経営戦略

どうやったら
お客様から
支持され続けるかの
一点のみを考える

経営コストは三つ。時間・お金・エネルギー。これを何に費やすか、しっかりと見極めよう

会社で行われる仕事は、その性質から「未来への投資」、「カイゼン」、「今日の仕事」の3つに分類できます。

この3つに時間をどう振り分けているか。会社全体で言えば、儲かり続けている会社は、「未来への投資」と「カイゼン」のために使う時間が、「今日の仕事」と同程度、ブレイクイーブンのところまであります。一方、儲からない会社、あるいは少し利益が出ているとはいえ、それはたまたまで不確実な経営の会社というのは、誰も彼もが「今日の仕事」ばかりに奔走しています。

［未来への投資：カイゼン：今日の仕事］に振り分ける時間の割合が、経営者は［7：2：1］、課長などの中間管理職ならば［2：4：4］、末端の担当者は［1：2：7］というように、仕事の質の違いで段階的に経営コストのひとつである時間の配分が変わっていくのが理想的です。

経営者の仕事の9割が「今日の仕事」という会社。これは不安定な状態から抜け出せません。経営状態を改善するためには、経営資源をどのようなことに使っているかを見直す必要があります。

経営には、目標達成のために必要なコストがあります。大きく分けるとそれは「時間」と「お金」と「(人の) エネルギー」の3つです。

目標を達成するためには、この3つの経営コストを「投資」と「消費」と「浪費」の3つの使いみちのうちのどれに使うかがカギになります。おもしろいことに、いま現在、経営コストをどれに使っているかで、その会社の現状もわかります。

180ページの表に書き込みを加えてみてください。まず、「使途」欄の投資・消費・

浪費それぞれの区分の下の3つの空欄に、具体的な項目を書き込みます。

「投資」に当てはまるのは、経営者の自己投資（セミナー・勉強会参加、書籍購入など）、社員に対する人材育成投資（研修や資格取得支援など）、R&D（研究開発および設備投資）といった事柄です。

「消費」には、営業やマーケティング、バックオフィスのコスト、あるいは光熱費や什器・備品購入費などが当てはまります。損益計算書の販管費の科目に対応する時間・お金・エネルギーと考えてもいいでしょう。

「浪費」には、立派な社屋や過剰な装飾にかかるコスト、高額な飲食費、顧客価値と関係のない作業といった事柄が当てはまります。「見栄を張りたくなる気持ち」から発生するコストです。

具体的な項目を書き込んでいただいたら、次はそれぞれの項目にかけている時間・お金・エネルギーを評価していきます。

それぞれの項目について、1か月で5時間以上、5万円以上、5人（5回）以上ならば★1つ、10時間以上、10万円以上、10人（10回）以上ならば★2つ、20時間以上、20

万円以上、20人（20回）以上ならば★3つというように、現状を記入してみてください。

そうすると、儲かり続けている企業や大手で安定している企業は左サイドの「投資」のところに★が並びます。

一方、不確実な経営の会社は右サイドの「浪費」に最も多く★が入っていくのです。


不確実な経営の会社の経営状況を改善するのは簡単です。単純に、図の「浪費」に入っている★を、投資側へ振り替えていけばいいだけです。

たとえば、これまで高額な飲食代に毎月10万円使っていたのをやめて、人材育成のための営業研修を5時間、外部講師に10万円で依頼する。営業部員たちのエネルギー（経営資源）を使うことにもなりますが、これを続けていけば、結果的に相当儲かる体質の会社になるはずです。

・

偶然や景気により、たまたまうまくいっている不確実な会社と、勝つべくして儲かり続けている会社とでは、経営者として研鑽を積むために本を読むことや、営業マンを鍛えるために外部研修講師に依頼するということに使う時間・お金・エネルギーがあきれるほど違うのです。

前者は、そこをケチったらおしまいだというところに経営資源をつぎ込まない。だから、いつまでもたっても上昇気流に乗れずフルパワーのつもりなのに低空飛行している飛行機のような不安定ながら少しだけたまたま利益が出ている経営状態なのです。

一方の賢明な企業は、離陸して上昇気流に突入してもまだ「未来への投資」をしている。だから安定飛行が続いていくのです。

表の「消費」のところは、必要な情報を仕入れたり（情報の内容によっては「投資」と言えるものもあります）、什器備品を整備したり、他店舗展開をするとか、いろいろとコストをかけてやっていくべきことがあります。

ただ、「浪費」はできるかぎり減らさなくてはなりません。これは「投資」だからと言ってやっている顧客との高額な飲食や過剰な応接調度品の整備などは「浪費」です。

高級なお店で飲食を繰り返すことにより、経営者はモチベーションを維持しているのかもしれませんが、プロがモチベーションを口にしたらプロではなくなります。とくに営業部門出身の経営者の方の場合は、人付き合いを過度に尊重するためにこの傾向が強いのですが、それではいつまで経っても儲からなかったり、儲かってもまぐれ当たりの不確実な経営のままです。抜け出しましょう。

そして、不思議と投資の比重が大きくなっていくと、会社は仕組み化されていきます。一方の浪費はやればやるほど、属人的経営になり、その人がいなくなったら、それで終わりの会社となります。

会社の大事な経営コストである「時間」と「お金」と「(人の)エネルギー」を投資に回しているのか、消費に回しているのか、浪費に回しているのか、よく振り返ってみてください。

同時に経営者個人にとっても「時間」と「お金」と「エネルギー」は大事なコストです。それを自分自身は何に使っているのかも振り返ってみてください。

まずは、偶然やまぐれではなく、戦略的に勝てる会社になることが第一です。

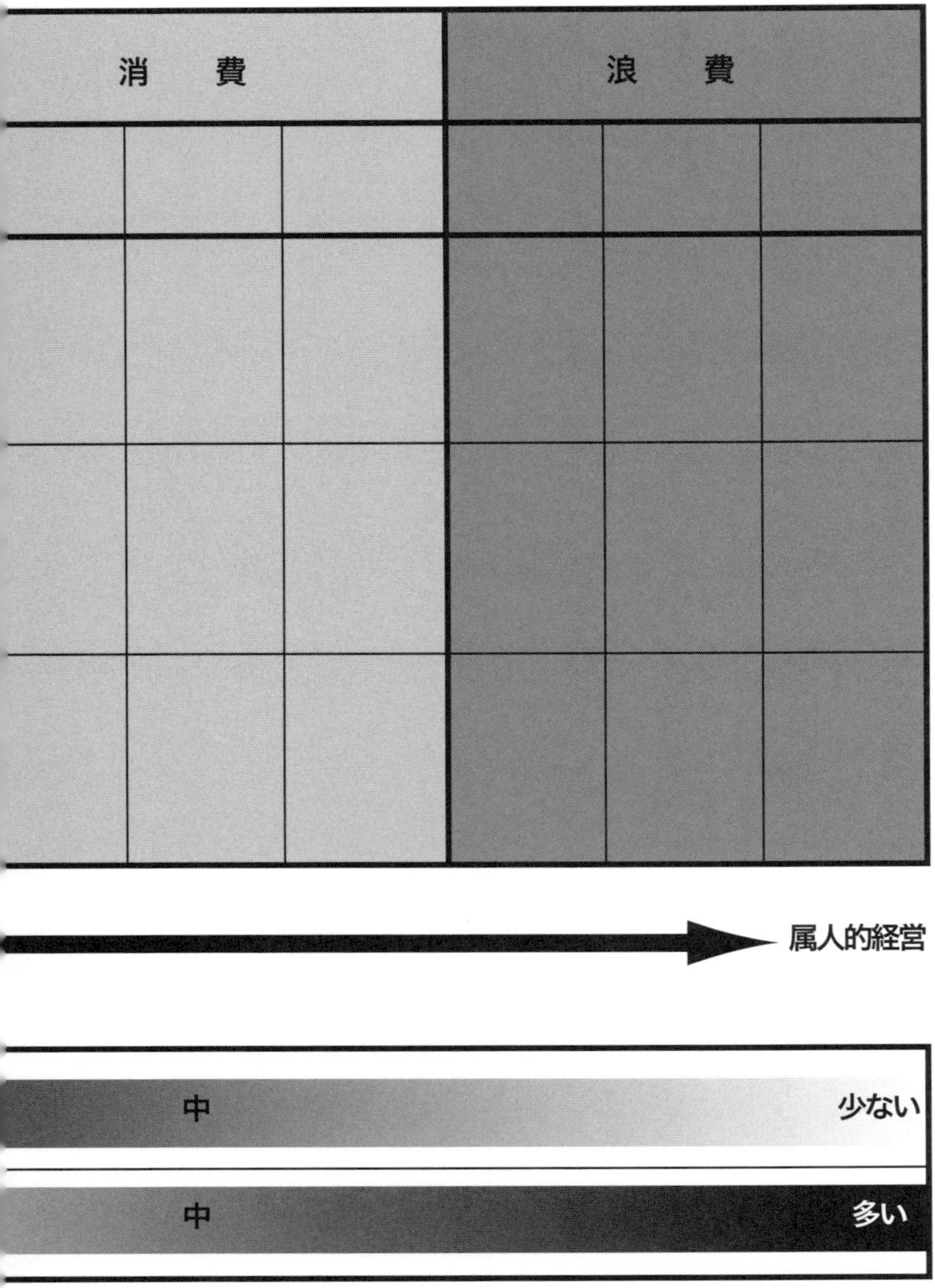
消　費
浪　費
属人的経営
中
少ない
中
多い

使途 目標達成のため必要な経営コスト	投資		
時間 1カ月 5時間以上　：★ 1カ月 10時間以上：★★ 1カ月 15時間以上：★★★			
お金 1カ月 5万円以上　：★ 1カ月 10万円以上：★★ 1カ月 15万円以上：★★★			
エネルギー 1カ月 5人以上　：★ 1カ月 10人以上：★★ 1カ月 15人以上：★★★			

仕組み化された経営 ←

うまくまわっている会社	多い
うまくまわっていない会社	少ない

本質的な課題に時間を費やす。勝てることを、できるサイズにして、他者ができない量までやり遂げる

誰にでもすぐにできる経営戦略として何かあるかと問われたら、それは時間を費やすこと、これに尽きます。

ただし、時間を費やすことにもコツはあります。

儲かる会社の時間戦略とは、第一に本質的な課題に集中して時間を費やすことです。本質的な課題とは、まず顧客の笑顔の創出です。顧客を笑顔にすることに時間を費やすのです。

次に、我々＝会社のあるべき姿はどういう姿かを明確に認識すること。これが経営の

MVV（ミッション・バリュー・ビジョン）です。

そして顧客は誰か。笑顔にさせるお客様はどこにいるのか、どのタイミングで笑顔にさせにいくのかを考えます。

さらに顧客の本当の心理を地の果てまで追いかけていくこと。「本当の不満・不安・不足」と「本当の欲しい・嬉しい・やってみたい」は何かを追求するのです。

会社の経営にとって重要なことと緊急であることの区別はきちんとついているでしょうか。そして、勝ちたいのであれば経営者は、重要だけれど緊急ではないことに、緊急だけれど重要ではないことより先にとりかかってください。

「未来への投資／カイゼン／今日の仕事」の割合は会社のなかで適切に分担されているでしょうか。全スタッフが「今日の仕事」ばかりやっていて未来への投資とカイゼンをおろそかにする会社は、いつまでたっても儲かりません。

経営の本質的な課題に適切な時間をかけて取り組んでください。

人間の性質として、せっかく立てた大目標が今日の誘惑に負けることがしばしばあります。そのようなときは自問自答するのです、「一時の快楽か、それとも達成感か、自分はどちらを選ぶのか」と。

そして、第二にすることとは、「勝てることをできるサイズにしてやる」ことです。よく「できることをやりなさい」という言い方をする人がいますが、できることをやっていても勝てません。勝てることをやってはじめて勝てるのです。

では勝てることとは何かというと、先ほどの経営の本質的課題に取り組むことです。

それを「できるサイズにする」。

たとえば、年末の大掃除を一日で終わらせようと思って始めると、最初は気合いを入れてやりますが、午後にはもう終わりそうもないことが見えてきて諦めはじめます。結局、大掃除は中途半端のまま、年が明けてしまうといった経験はないでしょうか。

一日でやり遂げられるサイズにして、少しずつ掃除すればよかったのです。「今日は押し入れ、明日は玄関とベランダ、明後日はキッチン」などと、やるべきことの範囲を特定し、集中できる時間を決めて、それを行うことです。

そして、できるサイズの勝てることを他者ができない量までやり遂げる。会社ならば他社が追随できないくらいの量をやり遂げると、そこに質が生まれます。最初から質を求めるのは、最適なアプローチではありません。なぜならば、行動量こそが、質を高めるからです。

ドラッカーは、成果を上げるための戦略があるとすれば、それは集中することだと言いました。

そして、成果を上げるためにできるもうひとつのことが、誰よりも時間を使ってやるということです。

集中するテーマを決め、そこに人より時間をかけるという戦略。これはどんな経営者にもできることです。

工場で勝てる時代は終わった。マーケティングと現場の営業力で勝負は決まる

これまでの日本企業は、技術立国と言われるとおり、まさに技術力頼みだったと言えます。

しかし、それがもはや技術だけでは勝つことができなくなってきました。

なぜか。もはや、品質では勝てない時代になったからです。

品質で勝ったと思っても、すぐによりよい品質のものが出てきます。

あるいは、市場におけるゲームのルールが変わって、そこそこの品質で低価格なコス

トパフォーマンスに優れた商品に敗れます。

こうなるともはや、人件費、物流費、為替……とコストが高い日本では、製造現場で勝負することに限界が出てきます。

では、日本では少なくとも製造業はあきらめなければいけないのかといったら、そうではありません。

ただ、今までどおりのすばらしい技術力に支えられた「作る力」だけで勝負しようとするのは、リスクが高いと言わざるを得ません。

そうではなく、勝つために力を込めるところを変えればいいのです。

売れる戦略があって、作る力があればいいのです。

売れる戦略とは、売り場で勝つという戦略です。工場で勝つのではなく、売り場で勝つのです。

工場で勝てる時代は、品質向上を第一の課題としてきました。それに対して、これからは、集客の仕組み化と現場の営業力で勝ちにいくという売り場決戦型の営業戦略が重要性を増しているのです。

これまでは、創造性というものを、商品の開発や製造、改善というほうにばかり向けていました。

しかし、これからの時代は、それよりも売り場で顧客にどう魅せるか、どう伝えるか、どう味わっていただくかに、創造性を発揮していかなければいけません。

たとえば、百貨店の地下は生鮮食品も含めた食料品売り場ですが、あのフロアを支えているのはパン屋さんです。

いいパン屋が地下売り場に入っているかどうかが、食料品売り場全体の売上に大きく影響を及ぼしているのです。そのため、どこの百貨店もこだわりのパン屋さんを見つけてきて、ぜひにとお願いして地下売り場に入ってもらうのです。なかには、2店舗も3店舗もパン屋が入っている商品売り場さえあるくらいです。

パンを焼く匂いが食料品売り場全体に漂い、お客様の空腹感を呼び起こして購買意欲を高めます。

百貨店は、売り場勝負の代表例です。売り場で勝つためにどうしたらいいかという英知が集まっています。

ですから、新設のショッピングモールや百貨店に行って、売り場で勝つ方法のヒントを得るのもよいと思います。

最高の技術力を有している日本には「よいモノを作る力」が存在します。それに加えて、商品・サービスを魅せる力、売り場で海外勢に負けない力を鍛えてください。

松下幸之助翁の言葉です。

「事業の原点は、どうしたら売れるかではなく、どうしたら喜んで買ってもらえるかである」

間違いだらけの営業戦略

属人的努力至上主義は戦略にあらず。顧客観察でチャンスをつくる

これからの時代は営業活動の時代です。

といって、売れるよう努力しろ、もっと働け、モチベーションを上げろ……。これは営業戦略ではありません。

間違いだらけの営業戦略は即座にやめてください。

よくある2つの間違いを挙げます。

「営業マンやる気至上主義」：売れないのは営業マンのやる気が足りないからだ。

「低価格王様主義」：売れないのは値段が高いからだと言って価格競争に飛び込み、無

理なコスト削減をはかる。

要するに、この2つは努力至上主義の戦略を生み出します。もはや戦略とは呼べないものです。

では、どうすればよいのかというと、既存のお客様を徹底的に観察することから始める。お客様のご注文や声にはつねにチャンスが隠れています。

つまり、「大事な既存顧客からけっして目を離してはいけない」、「小さな感情や嗜好の変化を、クロスセリング・アップセリングに活かす」のです。

また、低価格性は顧客価値のすべてではありません。

お客様から見て、他社のモノよりも独創的で特別感があり、自分にとって有益だと映るように工夫するのです。

たとえば、本当に業界で一番安い価格をつけるより、「なぜお得か」をわかりやすくする努力に傾注したほうが有益な戦略と言えます。

マーケティング力×営業力＝成果

自然界の英知を学び、戦略と実行手段を組み合わせる

営業戦略を考えるときには、草木などの植物と、ライオンや虎などの肉食動物の両方の「お手本」を参考にするのがいいと思います。

植物は種から芽を出した場所から動かずに、チョウやハチに受粉してもらったり、鳥に遠くまで種を運んでもらったりと他の生物と協力しながら生活しています。

一方、肉食動物は餌を求め、動き回り、安住の地を探して移動し、自然界で闘いながら生活しています。

これを営業戦略上の課題にたとえると、植物のような仕掛けが、お客様を笑顔にさせることで「売れてく商品」を作るマーケティングの仕組み作りであり、肉食動物的アプローチが顧客とのリレーションシップからプロセス価値を生み出す営業マンの営業活動

アプローチと言うことができるでしょう。

この2つが顧客価値創造と顧客創造の二軸と絡み合って、勝てる経営を作っていくのです。

モノやサービスを作る力、つまり生産力が、それを消費する力よりも約30兆円分余分に作れる能力が日本にはあります。これを需給ギャップと言います。

この需給ギャップ30兆円を抱える国での組織営業戦略は「マーケティング力（売れてく力）×営業力（幸福を支援する力）＝成果」の方程式が必要になります。

これと「戦略能力×遂行能力＝成果」という方程式とを合わせて、連立方程式にすると組織営業戦略と実践プログラムが構築され、景気や営業勘、営業マンのパーソナリティに左右されない、組織戦略的な顧客開発をもたらします。

そうして、最終的には、お客様を生涯顧客化していくことで、常勝組織へと生まれ変わることができます。

つまり、植物的なマーケティングの仕組みづくりと、肉食動物のような動的な顧客への営業アプローチとの二軸を期限付きの実行計画まで落とし込むのです。

「売る力」＝販売力だけで勝てる時代は終わった。マーケティングで「売れてく力」を強くする

20世紀型のビジネスでは、営業力と販売力はほとんど同じ意味でとらえられていました。営業力が、販売力と同様に「売る力」でよかった時代だったのです。

しかし、これからの時代は営業力とは、むしろ「売れてく力」、つまりマーケティング力あってのものなのです。

販売力というのは、お客様にいかにたくさん買ってもらうか、製造した商品・仕入れた商品を売り切るかという「売る力」です。

マーケティングは、ディスプレイやデザインやストーリーで、商品やサービスを魅力

化し、ブランド価値を高めます。つまり顧客価値創造、集客の仕組み化です。「売れていく力」の創造です。

マーケティングのトップコンサルタントであるジェイ・エイブラハムいわく「売上＝顧客数×購買頻度×客単価」です。

営業戦略としては、

客単価を増加させる戦略（アップセリング・クロスセリング、滞留時間を長くする、商品価格に幅を持たせるなど）

購買頻度を上げるリピート率向上戦略（手紙・メールを送る、バースデイ割引きをする、特別セールを知らせるなど）

顧客数を増やす顧客創造戦略（紹介キャンペーン、イベント開催、チャネル開発など）

の大きく3つしかないのです。

「売る力」＝販売力に過度な期待をしてはいけません。

たとえば、ブルドック中濃ソースとウマソースを比較してみると、

ブルドック中濃ソース：ブランド力（90）×販売力（10）＝成果（900）

ウマソース　　　　：ブランド力（5）×販売力（10）＝成果（50）

となります。

つまり、販売力が同じでも、「売れてく力」の究極であるブランド力によって、成果に18倍もの開きが出るのです。

ブランド力は、顧客から飽きられない力、忘れられない力を含んでいます。

チリソースと言えば、ほとんどの人がタバスコを思い浮かべるのと同じく、ソースと言えば、多くの関東人はブルドッグのソースをまっさきに思い浮かべるのではないでしょうか。一方のウマソースは名前を聞いたこともない人、食べたことがない人も多いでしょう。ですから、知名度やブランド力はとても低く、ソースが欲しいときに思い浮かべてもらえません。販売力頼みでは、勝てないのです。

ブランド化するためには3つのプロセスがあります。

一つ目は、「見える、魅せる」ということ。

二つ目が、「伝わる」ということ。

三つ目が、「あこがれられる」ということ。

「見える」というのは、たとえばブランドのロゴです。スターバックスにせよ、ロレックスにせよ、ロゴマークがパッと目につき、認知できます。ロゴには「魅せる」力もあります。素晴らしいロゴは魅力的で、顧客を魅了すると言えるでしょう。

「伝わる」というのは、そのメッセージやコンセプトが伝わってくるということです。たとえば、スターバックスからは、豊かな時間、上質な癒しの時間というメッセージが伝わってきます。のどが渇いたというときにイメージするのがスターバックスではなく、次のミーティングまでの30分を、雑誌でも読みながらゆっくり過ごそうと思ったときにスターバックスを思い出すでしょう。

そして、「あこがれられる」というのは、ブランドとして保証される高い品質に対してであったり、顧客がそのブランドを利用することで表現できる個性であったりと、あこがれられる何かを持っていることです。ブランド力という我々の生活の中に溶け込んでいるような普遍的な力は「売れてく力」そのものと言えるでしょう。

生涯顧客化

おいしい料理を作る前に、お腹がぺこぺこに減ったお客様をテーブルに座らせる

仮にレストランを経営するとして、これさえあれば経営できるというものをひとつだけ神様にお願いできるとしたら、何をお願いするべきでしょう。優秀な料理人、サーバー、厳選された高級食材、銀座のど真ん中のような一等地、莫大な資金……。

私だったら、「お腹がぺこぺこに減ったたくさんのお客様！」とお願いします。フードサービス業であれば、何よりもお腹をぺこぺこに減らしたお客様にどうやってたどり着くかということを考えなければいけません。

経営の成功を考えるとき、どちらかというと自分本位でものを考えがちです。食材、シェフ、立地というように、儲けにつながりやすそうな条件を選んでしまうのです。

しかし、飲食の原点は、お腹をすかせた人においしいおいしいと言ってもらいながら

食べてもらうことです。これを忘れてしまうと、同業者や評論家だけをうならせるレストラン、顧客に喜ばれない自己満足のレストランになってしまいます。

トンカツやお寿司を食べたくなると思い出す店が、誰しもあると思います。歯が痛くなったらこの先生、スーツを買うならこの店と、必要なタイミングで思い出していただく工夫こそが、生涯顧客化を可能にするのです。生涯顧客化とは、一度お客様になっていただいてから生涯にわたり、ご利用し続けていただくことを言います。

お客様には三段階あります。第一段階目はコンシューマー（消費者）、第二段階目はカスタマー（顧客）です。そして第三段階目がクライアント、「保護下にある人」という意味です。提供者のサービスで「守られ続けたい」と願っている生涯顧客なのです。

誰しも、お客様から自社を末永く支持していただくことを願っているはず。ロイヤルカスタマー（繰り返す顧客）やクライアントをつくり続けるためには、①欲しいの想起、②記憶に残るほどの商品力、③忘れられない工夫。この3つの要素を提供し続けることです。そして、これを「生涯顧客化の三原則」と言います。

あなたの最高の資産は既存クライアント。ディズニーランドのお客様は、最高の営業マン

さきに述べた顧客化の三原則「欲しいの想起」「記憶に残るほどの商品力」「忘れられない工夫」、この3つを積み重ねていき、生まれた既存クライアントは最大の資産であり、最強の営業マンです。ロイヤル・カスタマーは、史上最強の営業マンになってくれるのです。

口コミなど、顧客が新しい顧客に商品やサービスを紹介してくれることで生まれる営業力は、一番大きくて強力です。

ディズニーランドに家族で行ったときに、向こうからとってもかわいいお子さんがミッキーマウスの耳のついたカチューシャをつけて歩いてくるのを見ると、「ウチの子に

も買ってあげたいな」と思うでしょう。

また、ディズニーランドで売っているお土産は、とてもかわいくて立派な缶や箱に入っています。ディズニーランドに行ってきた人から、それをお土産でもらうと、捨てられなくてついつい小物入れなどにしてしまいます。すると、部屋でそれを見るたびに、「ディズニーランドに行きたい」と思うでしょう。

ビシッとスーツを着こなしたビジネスマンが、スターバックスのカップを持ってさっそうと歩いていたら、「かっこいいな」とあこがれるでしょう。そこから想起して、自分もスターバックスを利用する人も多いでしょう。

このように既存クライアント（ロイヤル・カスタマー）が利用して持ち歩いている商品が、そのまま新しい顧客に対するマーケティングツールの役目を果たすことは、珍しくありません。

顧客が持ち歩いたときに、周りからどう映るかを最初から意識して、商品やパッケージのデザインをおこす。それによって、既存クライアントがあなたにとって最もふさわしい新規顧客を連れてきてくれるのです。

リスクや不安、疑念…顧客心理にフォーカスし、「買わない理由」を一つひとつ取り除く

「売れる売り方」の実践手法として有効な手段があります。「リスク・リバーサル戦略」です。

お客様は何か新しいものを購入するとき、「自分の選択は正しいのか」、「間違った判断をしてはいないか？」という不安にさいなまれます。

この購買決定の恐怖を取り除くことができれば、クロージング力は飛躍的に向上するはずです。

リスク・リバーサル戦略は、買うことに対して二の足を踏んでいる顧客から、迷っている理由を一つひとつ取り除いてあげる方法です。

たとえば、ジャパネットたかたの「分割手数料は、ジャパネットたかたが負担します」というフレーズ。買いたいけれど分割手数料がかかるのは損だと購入を躊躇している顧客へ手数料は要りませんと言うことで、購入に踏み切ってもらうことができます。

また、「180日間返金保証をおつけします」というのは、買ってみてうまくいかなかったらどうしようと不安に思う顧客に対して、試しに買ってダメならお金を返してもらえるという安心感を与えて、購入への一歩を踏み出させることができます。

リスク・リバーサル戦略は、お客様が購買の意思決定をするまでに、どのような心理状態となるのかにフォーカスします。そこにある、迷う理由、心に浮かび上がるリスクや不安を挙げていき、ひとつずつそれを取り除いていきます。

「売れる売り方」の有効な手段です。

本当に必要な顧客情報は、キーマン、ニーズ・ウォンツ、予算、タイミングの四つ

およそ10年前、欧米発の「カスタマー・リレーションシップ・マネジメント（CRM）」が、日本でももてはやされた時期がありました。その当時、少なくない日本の会社が、充実した顧客データベースを作るため、顧客の家は持ち家かどうか、家族構成はどうだ、年収は、資産は、ゴルフ会員権は……と顧客の個人情報を事細かに調べて集めました。

ところが、それで顧客の手元にきたものは、誕生日に特別割引のはがき―そんなことは多くの会社がやっていますし、なんの特別感もありません―あるいは、保険に入りませんかというチラシとか……。せいぜいが年末にカレンダーや手帳が送られてきたらよ

いほうというありさまでした。

顧客からしてみると、あんなにいろいろ教えたのに、特別感のあるサービスも、有益な情報も何も見返りがないと、ひどく不評を買いました。顧客満足度向上のためのCRM導入で逆に顧客の満足度が下落してしまったという失敗です。

せっかくお金も時間も人のエネルギーもかけて集めた顧客データですが、有効に使いこなすことが難しく、そこから顧客にとって価値あるものを導き出すことができなかったのです。

同時に、データベースマーケティングに頼りすぎてしまい、顧客の属性データや購入履歴データは登録したからそれで十分だと勘違いし、結果として顧客の本当の声を聞くことを疎かにしてしまったところが多いようです。

顧客情報で一番価値が高いのは、やはりライブで直接お客様からうかがった話です。顔をつきあわせながら、「今、こういうことに困っているから、解決案を考えてみてくれ。宿題だぞ」と言われたら、最高の顧客情報です。

それがそのまま営業活動のヒントになります。

そういうこともせずに、ただデータを集めただけで、次回提案や、購買頻度を高めるためのアプローチができるわけがありません。

それはとりもなおさず、「顧客台帳経営」をやっていないということです。


お客様から直接うかがった話なら、なんでも顧客情報として記録しておけばいいというわけではありません。あまりにも膨大すぎると、かえって本当に価値のある顧客情報が見えてこなくなってしまいます。また、詳しいデータを手に入れたことだけで安心してしまうのです。

本当に必要な顧客情報は4つしかありません。

一つ目はキーマンは誰か。つまり、購買意思決定権者は誰かということです。

たとえば土曜日に、雨が降っているからピザでもとろうかとお父さんが言ったとします。お金を払うのはお父さんですが、決定するのはお嬢さんだったりします。キーマンはお嬢さんということになります。

二つ目はニーズ・ウォンツ。必要なものとほしいものは何かという情報です。

三つ目は予算。

四つ目は最適な購入の時期、つまりタイミングの情報です。

顧客情報はこの4つさえわかっていれば十分です。どんな商売をやっていても、お客様のご期待に沿うことができ、満足していただけます。


顧客との関係を築くためになによりも大切なことは、経営者として、本当に大事なお客様のところへは、1か月に1回は足を運ぶということです。ライブで、お客様の顔色を見にいくのです。

そうして、今担当させている営業マンの評判であったり、商品やサービスの使用感の良し悪しであったり、最近の出来事などを顔を突き合わせて直接おうかがいするのです。

その生の顧客の声には、単なるデータとは比べ物にならないほどのビジネスのチャンスやヒントがいっぱい詰まっています。

キーマンの欲求と予算とタイミングを業界一集めてください。

顧客台帳経営

江戸商人が大火から命がけで守ったのは、商品ではなく顧客台帳。情報資産を蓄える

江戸は非常に大火の多いところでした。大火のときに江戸商人たちが、命がけで守ったものは何だと思いますか。お金でしょうか、それとも商品でしょうか、家財道具でしょうか。実は、顧客台帳なのです。

江戸商人は、火事になるとまっさきに顧客台帳を取りに行き、燃えないように井戸の中に投げ入れてから逃げたのです。そうして、火事のあとに顧客台帳を井戸から取り出し、お客様の屋敷を一軒、一軒回ったのだそうです。

江戸時代の顧客台帳は、水の中に入れても溶けず墨もにじまないように、こんにゃく

芋を混ぜ込んで作られていたそうです。いかに顧客台帳を重要視していたかがよくわかります。家や蔵は焼け、商品はなくなっても、顧客台帳さえあれば復活できる。商品が残ったところで顧客台帳がなくなってしまったら終わりと考えていたのでしょう。

江戸商人は、お客様からうかがったことを、その日のうちに顧客台帳に記し、その顧客台帳を目を皿のようにして見ながら、お客様との歴史を築いていったのです。

では、顧客台帳に何を書くべきかというと、まずは購入履歴です。前回そのお客様がどんなものを買われたのか、そのときにどんなご要望なり意見なりをおっしゃっていたか、どんな会話をしたかを書き、覚えておきます。

とくに購入動機や、お客様の不満・不安・不足、クレーム、感謝の声などお客様からの生の言葉は、顧客感情を受けとめるために大切です。

また、「顧客が求めている未来はどのようなものなのか」を、対話の中から見つけ出し、記録していく。これが次回提案の前提条件となるのです。

こうして作られた顧客台帳こそが、真に価値のある独自の情報資産なのです。

我が社に必要なものを考える前に、不必要なものは何かを考える。捨てた後に残ったものを、ピカピカに磨き上げる

自社の繁栄を考えるのが経営だと思い込みがちですが、本当は顧客の繁栄を考えるのが経営です。

顧客を繁栄させることによってのみ、自社の繁栄がもたらされるのです。

経営において重要なのは、我が社に何が必要かを考える前に、我が社に不必要なことはないかを考えることです。

今の会社にはない必要なものを指折り数えても、空から神様がプレゼントを降らして

くれることはありません。あれがあったら、これがあれば、こういう人材がいればと恨めしく考えていてもしかたがないのです。

それよりも、不必要なものは何かを考えるべきです。

ひと言で言えば「捨てる勇気」を持つことです。会社にとって不要なものは何かを考え、気づいたら捨てる。


優秀な会社は引き算の経営が得意です。

一方、儲からない会社は捨てるのが下手です。これに例外はありません。


組織にとって、最も、不必要なのは「社員の成果を生まない時間」です。これこそ浪費、一番のムダです。すぐになくす必要があります。

社員の成果を生まない時間はどこから来ているのかを見極める必要があります。

往々にしてあるのが、経営者が右に行くか、左に行くかを決めていないために、社員が動けずヒマを持て余してしまうということです。

経営者本人が、「社員が成果を生み出せない状態にしている」ことが意外に多いのです。
つまり、経営者が戦うべき相手は、成果の上がらない社員とではなく、成果に結びつかない社員の時間をどうなくしていくかということなのです。

また、業務のなかの不必要は何かと言えば、お客様の笑顔に結びつかない業務プロセスです。お客様から求められていない業務は、真っ先に切り捨てるべきものです。

たとえば、お客様は誰も読んでいないのにメルマガを発行したり、ブログを更新したりしていることはないでしょうか。誰も利用していない無料サービスを維持するためにコストだけがかかってはいないでしょうか。お客様の笑顔には一切寄与していない業務を切り捨てるのです。

元々は「顧客の繁栄」のために用意したものでも、時とともに不要になることがあります。かつては喜ばれていたサービス、支持されていたやり方も、やがては飽きられ陳腐化していきます。

お客様の笑顔に対する貢献度を見直し、効果が減少しているものは、新しいやり方と入れ替えてください。

そのためには先にやめてしまうことです。不必要なものを思い切って捨てていくと、必要なもの、顧客から求められているものだけが残ります。

そうなると、会社経営にあたって専念することを決めることができます。残った必要なもの、お客様から必要とされていることを磨き上げるのです。不必要なものを捨てて、余裕のできた時間とお金とエネルギーを使って、どの会社よりもピカピカと光り輝くように磨き上げます。

磨き上げるというのは、顧客に対する提供価値を磨くということです。同時に、商品の魅力化をするということです。そうして、提供価値と商品の魅力化の掛け算で顧客価値を最大限に高めるのです。

磨き上げられた顧客価値こそが、顧客に繁栄をもたらし、結果として自社を勝利へ導くのです。

第6章

実行計画

「できることをやる」
は当たり前、
「勝てることをやる」

成功の4要素

目標を決めて、戦略を立てる。アクションに落とし込んだら、入るまでシュートを打つ

成功するための最もシンプルなプロセスは4つ。

まず一つ目が、ゴールセッティングです。

どうなったら成功かというゴールを決めること。我が社が成功した姿というのはどういう状態か。顧客数、事業規模、時価総額、税引後利益、どれでもかまわないので、まずゴールを設定することです。必ず期限を用意して下さい。

次にその成功を手に入れるために何をするべきかを知る。何をしたらそこにたどり着

けるのか勝てる方法を考える。つまり戦略を決めます。

よく、やれることをやればいい、できることをしなさいと言いますが、経営においてはそれは嘘です。やれること、できることだけをやっていても勝てません。

勝つためには、勝てることをやらなければなりません。勝てることとは、顧客を笑顔にし支持を得ることです。

つまり、顧客に好かれる戦略を立てる。これが二つ目です。

三つ目は、勝てることをやれるようにする。やれるようにするには、一日でできるサイズに切り分けることです。

四つ目が、やり続けられるようにする。継続して、アクションを起こし続けられるようにします。そのためには、「これだけは、習慣化させていく」という覚悟が必要です。

つまり、自分が未来にあるべき理想の姿を決め、こうしたらそこにたどりつけるという道を見つけて、行動計画を立て、継続して歩き続けられるようにする。この4つを明確にするだけで成功確率は8割を超えるのではないでしょうか。

理屈抜きで実行する。経営において、実行されなかったものは、すべて無意味である

この章では、実行計画（Ａｃｔｉｏｎ Ｐｌａｎ）について解説していきますが、これらはすべて「勝つ」ための実行計画です。「勝つ戦略をできるサイズにしてやり続ける」ために、自社はどうするかを考えながら読み進めていってください。

実行計画は、５つのプロセスから成り立っています。各テーマは次の項目から一つひとつ述べていきますが、全体像は以下のとおりです。

1．ターゲットを絞る：ターゲットを絞ることの重要性とターゲットクライアントを絞

る際の注意点を挙げてあります。

2．集客の仕組みを作る：第三章のビジネスの仕掛けでも取り上げましたが、集客の仕組み作りと見込客リスト作りのケースメソッドを解説します。

3．SLP理論に基づいた営業プロセスを実行する：個人が成果を100％達成するための行動理論、SLP理論を紹介します。

4．納品後の営業フォロー：これからの時代にはなくてはならない、納品後の顧客とのリレーションシップについて解説します。

5．リピート率向上の所作：リピート率と顧客満足の関係性と、リピート率を上げるために必要なことについて、ケースメソッドをお話しします。

以上のなかでも、集客の仕組み作りから見込み客リストをいかに作るかが重要です。知っているということと、やっているということには雲泥の差があります。実行計画のプロセスを知っていることで満足せず、必ず実行、行動に落とし込んでください。ざっくりと「計画」。ただちに「実行」「実行」「実行」、「改善」「実行」「実行」！

ターゲティング

マーケットをよく見てターゲットを絞れ。ターゲットなきところに戦略なし

マーケティング戦略の基本ですが、まずターゲットを絞らないと商売はうまくいきません。一見、ターゲットがないように見えても、永続的に成長したり利益を出したりしている会社は、ターゲットが決まっています。

たとえば、コンビニのメインターゲットは、働く単身者です。それがもし、半径500メートル圏内に住んでいる人すべてがターゲットだとしたら、コンビニの陳列アイテムは誰にとっても中途半端なものになってしまいます。

かつてセブンイレブンは、ＰＯＳレジからのデータを見て、メインターゲットではない子供と高齢者の購入が多いことに気づいたことがありました。そこで、どうしたかというと、子供や高齢者をメインターゲットに据え直すのではなく、本来のターゲットでありながら思ったほど売上に貢献していなかった働く単身者を呼び戻すために、お店にコピー機を置いたのです。

ベネッセコーポレーションが出版している「たまごクラブ」「ひよこクラブ」は、タイトルではっきりと読者を限定しています。

これほどまでに事業展開にあたってターゲットを絞るというのは大切なのです。ターゲットを絞り込まずに、広い市場をカバーしたほうがビジネスチャンスが大きくなると思うのは大きな誤解です。

絞り込めば絞り込むほど、戦略にエッジが立ち、最適な打ち手も決まってきます。商品の魅力化をそのターゲットに向けてものにすることもできるのです。

ターゲットを絞り込むとき、注意すべき点がひとつあります。当然、市場の大きさというのは、ターゲットを絞る際に注意することと思いますが、その市場の大きさを見誤ってはなりません。

スポーツ用品関連ビジネスで考えてみます。まず、スポーツ用品の見込客はどこにいるかというと、スポーツという漠然と大きなジャンルにではなく、個々の種目を楽しむ人がそれぞれの種目別客となります。

それぞれの種目の国内のファン数で見ると、サッカーでは約4000万～6000万人（これはワールドカップのときにファンが一気に増えるため、幅があります）、野球が約4500万人、ゴルフが約1000万人、テニスが約800万人のファンがいると言われています。

では、単純にファンが多ければ、魅力的なマーケットかというとそうではないのです。ここで、1年間にその種目を楽しむために10万円以上お金を出す人はいったい何人いるのかということも合わせて考える必要があるのです。

サッカーや野球では観戦やらユニフォームの購入やらで、1年間に10万円以上使う人は、ファン全体の3％以下しかいないと言われています。一方、ゴルフのファンはその52％、テニスでは45％が、1年間に10万円以上使うという統計データがあるようです。ということは、ビジネスマーケットとして魅力的なのはゴルフとテニスということになります。

そのジャンルに一定のお金を使う人がどれくらいいるかという視点も必要なのです。

このように、マーケットを絞るときに、単純に母集団の数が多いから勝機があるというのは、中国なら何でも売れると思うことと一緒です。

ちなみに世界最大の市場の中国では、名目GDPは世界第2位の約7・3兆USドル（約678兆円）、人口は13・5億人の母集団を有しますが、一人当たりGDPは183か国中90番目（5416・67USドル）です。そして、3割の富裕層が7割の富を所有し、7割の人が残りの3割で生活していると言われています。

自社の理想のターゲットはどこの誰なのか、あらゆる角度から考察してみてください。

集客の仕組み作り

ひねりを効かせた独自の仕組みで「適格見込客」を量産する

ターゲットを絞ったら、次に集客の仕組みを作ります。

集客をうまくできるかどうかは、事業の命運を握っています。とりわけ独自の集客の仕組みを持っている会社は、非常にビジネス運びがうまい会社と言えます。

たとえば、ある郊外のリフォーム会社は、この集客の仕組みをひとひねりして、業績をぐんぐん伸ばしています。

リフォーム会社というのは、リフォームはもとより、それ以外にもシロアリ駆除をしたり、太陽光パネルを取りつけたりと、いろいろな業務を行っています。

そこで、あるリフォーム会社は、営業マンに加えてベテランの土地家屋調査士を同行させて町内を歩き回らせるのです。

土地家屋調査士というのは、建物を見抜くプロです。家の築年数や工法、どこの設備が悪そうかといったことに目星をつけることができます。

そうやって家を見て回っては、煙突が黒ずんでいるから風呂場はガスだとか、古い木造家屋でシロアリがいそうだと目星をつけ、営業マンがそれをメモにとります。

リフォーム会社には業務ごとの何種類ものチラシがあり、土地家屋調査士と見て回ったメモをもとに、その家に合ったアプローチをかけるのです。

一番最初に見込み客の家の具合を調べてから、その家の具合の悪そうなところにピンポイントでアプローチするチラシを配るという戦略です。実に独創的な見込客リスト作りであり、効果的な見込客へのアプローチ方法です。


営業の入口部分である集客の仕組み作り・見込客リスト作りに工夫がないと、片っ端から飛び込み営業やテレコールをやっていくしかなくなります。一斉ポスティングといった営業に頼るしかなくなってしまいます。これは非常に打率の低い営業です。

第3章で紹介したリフォームを営業するための高枝切りバサミ購入者リストの入手や、ダイエット用雑炊を営業するためのビリーズ・ブート・キャンプ購入者リストの入手のようなイノベーティブな集客の仕組みを作り、見込客リストを手に入れることができれば、営業活動の打率を格段に上げることができます。

400万円もする美容室向けの顧客管理ソフトを売ろうとしていたITベンチャー企業も、はじめは集客の仕組みがなく苦労をしていました。飛び込みやテレコールで営業活動をしていたものの、1年間でひとつも売ることができず、会社の危機に陥ったそうです。営業だとわかったとたん、話も聞かずに断られてしまうのです。

そこで、顧客管理ソフトを売ることはひとまず脇に置き、集客の仕組みづくり、見込客リスト作りを先にすることにしました。

「地域の美容室のポータルサイトを作るので、当初の1年間は無料ですから、そこにお店の宣伝を出しませんか」と提案するようにしたのです。

これなら、断るお店はありません。ここでまず見込客リストができます。そうして、美容室のオーナーや店長といったキーマンに、サイトに掲載するお店の情報をうかがいに行き、直接お話しできる関係を作りました。

それからサイト広告の校正にうかがったり、無事サイトに掲載した内容を説明したり、サイトの稼働状況を報告に行ったりしながら、顧客との距離を縮めていったのです。

そうやってこまめにリレーションを取れる関係を構築してから、ポータルサイトやウェブサイトをより有効活用していくために顧客管理ソフトの購入も検討してはどうかという提案をするようにしたら、売れ出したそうです。

集客の仕組みは、まず顧客はどこにいるのかをよく見て、そこに近づくための独自の戦略を打ち立てることが必要です。

そこから見込客を絞り込み、ピンポイントでアプローチしていくことで、無理・ムダのない営業が可能となるのです。

SLP理論

本気で達成したい未来だけを見定めて、夢中で追いかける

ある一定期間内に、成果を100％達成することを目的に開発された行動理論が、SLP理論（セルフ・リーダーシップ・プロセス理論）です。

成果を達成するためにはどのような行動パターンがいいかを体系化した行動基準です。

一つ目のポイントは、仕事に対して「have to」で取り組むのではなく、「want to」で取り組み、行動することで成果を生み出すのだということです。

したがって、SLP理論では、目標、つまりゴールセッティングは自分自身で決めま

す。なぜなら、目標を人から与えられると「have to」で取り組むことになるからです。自分で「このようなパフォーマンスを上げる」と設定することで、「want to」で仕事に取り組むことになります。

この目標設定のフェーズにありがちなのが、その目標は高すぎるとか、お前にはそんなことは無理だという否定的な意見を横から出すドリームキラーの出現です。本人が目標を口に出し、承認や同意を得ようとしたときに起こります。

SLP理論では、ビジョンや目標は自分自身で決めればよく、人からの承認は得なくてよいのです。

本人が決めた目標に対して、横からとやかく言って、否定すべきではありません。経営者は、営業マンや他の部下が自ら決めた目標を否定するようなドリームキラーにならないことが大事です。

そうして決めた目標に対して、「いつまでに」成し遂げたいのか期限を決めます。ビジョンや目標は、期限が伴わなければ機能しません。

決めた目標を達成するために、必要なルールが次の3点です。

1. 行動に落とし込むこと。SLP理論とは行動プロセスの理論です。そのため、すべて行動が伴わなければなりません。大目標を中目標3つに、3つの中目標を9つの小目標にと、3つずつ細分化し、行動可能な成果目標を設定します。
たとえば、1年後ナンバーワン営業マンになるというビジョンを掲げたとします。そうしたら、ナンバーワンになるためには、いくらの成果をいつまでに上げればよいのかという大目標を定めます。それを3つの中目標に分割します。「新規テレコール」「顧客訪問」「既存客へのクロスセリング」というように行動に落とし込みます。そして、テレコールであるならば、一日にかけられる最大の件数である100件を毎日かける。営業日日数5日で500件、1か月で2000件、1年間で2万4000件にテレコールするとなります。これが行動可能な成果目標です。

2. 行動を管理すること。SLP理論では、目標や時間を管理するのではなく、行動を管理します。

目標や時間を管理するというのは、たとえば100メートル走で言えば、タイムばかりを計るということです。タイムばかり何度計っても速くはなりません。速く走るためには、「走り方」を計るのです。トップランナーの走り方と比較し、腕の振りが小さいとか脚が上がっていないということを見ていくのが行動管理です。

3. 量にこだわること。SLP理論では、成果を出すために、最も重要な行動を選択したら、結果や行動の質にこだわるのではなく、行動量にこだわります。なぜなら、量が質を生むからにほかなりません。

あとは、これを「want to」で実行していくだけです。コロンビア大学のマックスウェル・モルツ博士の『サイコサイバネティクス』(1960年)によると、意識と潜在意識が物事の目標達成に深く関わっていると定義しています。「want to」で明確な目標設定がなされると、その目標へ無意識のうちに辿り着こうとする機能を人間は備えており、それを無意識の力「サーボメカニズム」と称しました。

無意識の力を引き出すには、自分が本当に望んでいる目標を設定することが重要です。

SLP理論②

幸福支援業こそ真の営業活動である。九つの営業プロセスを実行して、生涯顧客化を推進する

営業とは、幸福支援業です。ですから、売るためにどうするかといった販売のテクニックではありません。SLP理論には9つの営業プロセスがあります。

9つの営業プロセスは、3つに大別できます。一つ目は事前準備、二つ目がリレーションの手順。三つ目が購買意思決定の援助、「シュートを打つ」という言い方をしています。

一つ目の事前準備には5つのプロセスがあります。

プロセス①は、「ターゲットクライアントを絞る」ということです。誰を幸福にするのかを自分で決め、その人はどういうことを欲しているのか、仮説を立ててそこへ辿り着くということです。

プロセス②は、「質問を用意する」ということですが、SLP理論では、お客様が「よくぞ聞いてくれた！」と思う質問を用意します。自分が聞きたい情報ではなくて、相手が話したいことをスムーズにお話しいただけるような質問を投げかけるということです。

プロセス③が、「プレゼンテーション資料を完成させる」ことです。お客様が欲しいのは、それを手にしたときの効果効能であって、商品そのものではありません。

たとえば、歯磨き粉が欲しいのではなく、その歯磨き粉を使うことによって虫歯にならないとか口臭が抑えられるという効果効能を欲するのです。

つまり、顧客が求めているそれを手にしたときにもたらされる未来をプレゼンするということです。

プロセス④は、「ケーススタディを用意」します。人間というのは経験のないものは手にとりません。そのため他社も採用している、こんな人も使っている、そして好評かどうかというケーススタディを用意します。

成功例だけでなく、こうやって選ぶと間違えるという「失敗しない○○選び」なども有益です。

プロセス⑤は、「営業プロセス以外の仕事を片づけなさい」ということです。在庫の確認や目標管理シート作成など、顧客の笑顔に直結しない雑務も多くあります。それを、できるだけ朝10時までに片づけて、自分の時間を最大限顧客の笑顔のために割けるように段取りしましょう。

ここまでが事前準備として①から⑤までのプロセスです。

次にリレーションの手順として、「情熱・誠実・心配りの営業プロセス」があります。次の3行程です。

９つの営業プロセス

事前準備で８割決まる

①ターゲットクライアントを絞る

②質問を用意する

③プレゼンテーション資料を完成させる

④ケーススタディを用意する

⑤営業プロセス以外の仕事を片づける

情熱・誠実・心配りの営業プロセス

⑥アプローチマネジメントする

⑦お客様のリクエストを整理する

⑧協力者を募る

シュートを打つ

⑨Yes・No を聞く（プレゼンテーション）

プロセス⑥は、「アプローチマネジメントをする」ということです。最初から自分の心の中を全部営業マンに伝える顧客はいません。顧客と会う回数を重ねていきながら、顧客が本当に欲しているものを明らかにしていきます。

それによってプロセス⑦、得られた「お客様のリクエストを整理」していきます。お客様にとって必要条件、十分条件は何かを整理します。

たとえば車を選ぶとき、赤ちゃんが生まれるから買い替えるという人にとっての必要条件は「安全性」で、彼女にモテたい人にとっては「精悍なデザイン」というように、お客様の真の目的によって必要条件は異なります。

次にプロセス⑧、「協力者を募り」ます。

法人顧客であれば、購買の意思決定は役員会や、稟議を通さなければいけないということがあるでしょう。

個人顧客がシステムキッチンを購入する場合は、最終的意志決定者は奥様であっても、娘さん、おばあちゃんの意見も大事です。目の前にいる人だけが意思決定のキーマンではありません。

最終意思決定に影響を及ぼす人たちから、協力者を募りましょうということです。

最後にクロージング（シュートを打つ）の行程としてプロセス⑨「イエス・ノーを聞き」ます。営業マンとして恥ずべきことは、最終判断を仰げないこと。「ご検討ください」、「もしよろしかったらお考えください」では、改善・再提案ができません。

幸福を支援するということは、お客様が辿り着きたい未来のための意思決定を支援していくということです。これでは顧客を笑顔にできないということが発見できたら、次はこうやって笑わせてみようと改善をしながら、幸福を支援していくのが営業です。

SLP式9つの営業プロセスとは、笑顔を作ってあげたい誰かを決めて、自らの意思により信頼構築をはかり、プロフェッショナルとしての幸福提供を実践するための行動手順と言えるのです。

納品後の営業フォロー

お客様はいつも大げさに特別大切にされたいと願っている

お客様がどのようにして自社の商品にたどり着いたかという営業マンとのリレーションにおける価値、つまり売るまでのプロセス価値が重要であることは、以前から言われていました。

しかし、これからの営業は、買っていただいた後、どうやってお客様と向き合っていくかが重要です。一回お金を払っていただいた後から、本当の幸福支援業がスタートします。

たとえば、買ってきたパソコンがうまく動かないのにヘルプデスクに連絡がつかない、いつまでたっても問題が解決しないとなると、そのパソコンメーカーはユーザーにやさしくない悪い企業だというレッテルを貼られてしまいます。そうなったら、二度と買ってもらえなくなります。

ＩＴ環境の発展で瞬時にあらゆる情報が伝わる現在、悪い噂は瞬く間に広がり、見込客まで逃すことになります。

営業とは、お客様を幸福にし、お客様の笑顔を持続させることです。買っていただいた後の利用状況や使用感をお客様におうかがいしてください。

独創的で手作り感のあるお客様一人ひとりへのアプローチが他社を引き離します。

たとえば、お客様へ「自分の写真付きの感謝のはがきを出す」、「興味を持たれたテーマについての特別なレポートを速達で送る」など、納品後の幸福支援に工夫をこらし、顧客との親密性を高めていってください。

老朽化した民宿のリピート率は、なぜ高級旅館より高いのか？ 感動は思い出させない限り、忘れ去られていく

群馬県に老朽化した老舗の民宿があります。

その民宿の近くには、ＪＴＢから表彰されている優秀な高級旅館がありました。設備は最新、建物も新しくてきれいな宿です。一泊1万9０００円と高級旅館のわりには料金も安い。たいへん顧客満足度の高い旅館でした。

一方の民宿は、設備や建物はすっかり古くなり、十数年前に改装したときに作ったパンフレットをいまだに使っているため、実際にいらしたお客様から写真と違うとご批判を受けるほど。しかも、民宿なのに一泊1万4０００円と価格もけっして安くない。

しかし、リピート率でこの民宿は、高級旅館を上回るようになったのです。

どうしてでしょう。

この民宿では、年に4回、人情味のある女将さんが、お客様へはがきを出します。

「○○さん、この前来たのは、夏だったよね。秋に来たら、今度はきのこ鍋が食べられるよ。きのこ鍋を食べに来ないかい」

「○○さん、3年前に連れてきた赤ちゃん、大きくなったでしょ。子どもとバーベキューやりにおいで」

「うちには料理しか喜んでもらえるものはないけど待ってるよ。おかみ」

けっしてきれいとは言えない字ですが、手書きの手紙がくる。それだけでお客様はまたいらっしゃるのです。

一方の高級旅館は、いろいろなWebサイトに広告を出したり、自動的なDMを出したりはしています。でも、顧客の顔を覚えていないのです。

リピート率に大事なのは利用しているときだけの顧客満足より、お客様を永遠に思いやるメッセージを継続的に伝えることなのです。

戦略的営業

キーマンに辿り着くために、すべてのアイデアを今すぐ実行する

飛び込み営業やテレコールのたいへんなところは、購買意思決定をするキーマンに辿り着くまでに時間とエネルギーがかかりすぎるということです。

法人営業の場合、社長やオーナーなど、権限を持っている人に直接会えればいいのですが、そんな機会はなかなかありません。たいていは、受付で断られたり、権限を持たない若い現場担当者のところに回されてしまいます。

キーマンに直接アプローチできることがベストなのは、言うまでもありません。

いかにキーマンにほかの営業マンより速く辿り着くかが営業の勝負。ですから、キーマンと名刺交換するためのあらゆる工夫が必要なのです。

キーマンと名刺交換するためには、

「業界のイベントや法人会、セミナーに積極的に参加する」

「ゴルフコンペや交流会にも顔を出す」

「フェイスブックやツイッターで情報を発信し、ファンを集める」

「独自の紹介システムを考案し、紹介チャネルを構築する」

など、あらん限りの知恵を絞って、キーマンに辿り着くのです。

すばらしい人物を紹介して差し上げることも、有効な手段です。


そして、スポット型とランニング型の商品とサービスを用意して、生涯顧客価値を最大化するのが、理想のビジネスモデルと言えます。

いまや名だたる情報商社の代表ともいえる大塚商会は、かつてはコピー屋というイメージが強かったのではないでしょうか。コピーを置かせてくださいと、営業をかけている会社というイメージです。

コピーといっても、コピーもファクスもプリントアウトもできる複合機です。実際、この複合機に大塚商会はこだわっていました。なぜ複合機にこだわったのでしょうか。

複合機は、社内のすべてのパソコンとつながっています。パートさんであろうと、社長であろうと、そこのオフィスで働く全員のパソコンとつながっています。

しかもリースであれ買い取りであれ、複合機を設置するときは、その会社のネットワーク環境にアクセスします。どんなレベルなのか、何年にどういった回線を入れたのか、メンテナンスはどこがやっていて、サーバーは何製のものを使っているのか、ほとんどすべてのOA環境がわかるのです。

それがわかれば、アップセリング、クロスセリングにつなげていくことができます。たとえば、複合機を入れる際に、会計ソフトが古くなっていることがわかれば、より業務効率のいい会計ソフトを導入するように提案することもできます。

また、システムが各部門ごとに別々に構築されていることに気づいたら、一元管理するためのＥＲＰパッケージを提案することもできます。いくらでも生えかわるサメの歯のように、業務効率がよくなる提案を何度でも行えるのです。

これが生涯顧客価値を最大化していける大塚商会の優位性となっています。つまり、一回の商売で終わるのではなく、購買頻度を高めていくために、どんな顧客情報を自然な形で自社に集めることができるかということまで考えて、複合機という戦略商材を扱ったのです。

同社にお供させていただき6年以上になりますが、お客様と社員を本当に大切にする姿勢を有している立派な企業です。

お客様との関係性と、それを築く社員の育成にけっして手を抜かないということが、信頼を守り切る王道なのでしょう。

経営者は期限魔になれ。あらゆる事業計画の期限を区切る。そして、誰よりも早く転んで起き上がる

経営者には、ぜひ期限魔になっていただきたいと思います。

どんな小さなことでも、期限を区切れば、それは立派なプロジェクトです。

少々きついと思われる期限でも、そこに本気で立ち向かうことで、生まれてくるものもあります。


新聞や雑誌など、締め切りまであと60秒というような切迫感の中から、すばらしいキャッチコピーが出てきたりします。

切迫感を持って仕事に取り組むと、大いなる成果を生み出します。

また、経営は失敗からしか学べない事柄が95％だと言えます。

失敗をするスピード、そこから学習するスピード、再トライのスピード。

この3つが業界トップであれば、あなたの勝利は既に約束されたようなものと言ってよいでしょう。


失敗体験から得た情報にこそ価値があります。

お客様は何がお気に召さなかったのか、我々は何が至らなかったのか。改善課題の発見こそ成長のための最大の鉱脈なのです。


経営とは挑戦。トライ&エラーこそが経営の本分なのです

あとがき

お釈迦さまのうどん宴というお話があります。お釈迦さまが弟子たちから地獄と天国をわかりやすいように説明してほしいと言われ、お話しされました。

地獄には大きな円卓があり、その中心でうどんがぐつぐつと煮えているそうです。その周りには、おなかを空かせた餓鬼がつかみ合い、けんかをしながら我さきに椅子に座ろうとしています。そうして、強い者が椅子に座ります。ところが、そこにあるお箸はとても長く、それでうどんを取ろうとしても自分の口に持ってくることができず、つるつるとうどんは落ちていってしまいます。

みんなそれを繰り返し、結局、誰の口に入ることもないまま、鍋のうどんは空になってしまいます。そのうちにうどんを落としたのは隣の餓鬼のせいだといって、そこでまた取っ組み合いのけんかをする。これが地獄だそうです。

一方の天国でも、円卓があり中心でうどんがぐつぐつと煮えています。ところが、地獄と違って、みんな譲り合いながら、席に着くそうです。席に着き、うどんを取ったら、お箸が長いのでまず先に自分の正面にいる人にそのうどんを食べさせてあげるそうです。

すると、正面の人が今度はお礼にとこちらにもうどんを食べさせてくれます。そうしてある程度食べたら、席を次の人に譲り、次の人も同じようにしてうどんを食べる。これが天国だそうです。

このうどん宴の話を聞いたとき、経営者の仕事というのは天国創りだとつくづく感じました。

まず、向こう側に座っていらっしゃるお客様にうどんをお届けする。お客様の口もとへ運ぶのが営業のプロセスです。

経営とはよい循環を作ることだと、多くの経営者がおっしゃっていますが、その循環はお客様の笑顔からしか始まりません。きちんと循環してゆくための順番があるのです。

まず先に向こう側のお客様に顧客価値を差し上げることが第一です。そのお返しにお客様は、信頼や支持というものを我が社に食べさせてくれるのです。

そうやって、お客様が笑って、取引先様が笑って、従業員が笑ってというように笑顔の循環が起きる。その最後に経営者が笑うのです。

日本には、こういった天国創りが上手な小さくてもキラリと光るダイヤモンドのような中小企業がたくさんあります。利益やシェアの分捕り合戦のようなテーマで戦うのではなく、人類を幸福にしない何か、お客様のお困りごとと戦っていらっしゃいます。

わが国の経営者は、性善説にもとづいた、世界でも類まれな幸福支援のための経営を実践されています。

最後までお読みいただき、ありがとうございます。ここに記述させていただいた事例や実践方法のほとんどが、小生のクライアント（特別なお客様）から教えていただいたものでございます。貴重なお仕事を頂戴し、学ばせていただいたクライアント企業様、取引先企業様、提携企業様に対し感謝の気持ちとして、法人名を記させていただきます。㈱大塚商会、伊藤忠食品㈱、住友商事㈱、㈱コクヨ東京販売、㈱NTTドコモ、際コーポレーション㈱、石塚硝子㈱、上新電機㈱、アサヒビール㈱、NEC㈱、キヤノン㈱、ブルドックソース㈱、㈱CSIソリューションズ、㈱サザビーリーグ、㈱スタッフクリエイティブ、㈱たけでん、名古屋電機㈱、㈱日本電機サービス、杉本電機産業㈱、㈱ウィルプラウドホールディングス、宅島建設㈱、明治記念館、㈱スリムビューティーハウス、㈱フォトクリエイト、㈱スターツ証券、三共㈱、セブンシーズホールディングス㈱、セブンシーズマーケンティングリサーチ㈱、㈱産業再生機構、全国商工会連合会、りそな総合研究所㈱、㈱京葉銀行、㈱みずほ証券、社団法人ディレクトフォース、ミツヤコーポレーション㈱、㈱経営戦略合同事務所、㈱トライネット、㈱日本M&Aセンター、枕崎青年会議所OB会、長崎県建設業協同組合、東京ギャラクシー専門学校、ミャンマー日本語学校MOMIJI、㈱イントリンジック、アイエスケー・コンサルティング㈱、㈱ガネット、㈱プレシャスデイズ、ユニークビジョン㈱、㈱割烹大黒、その他ご支援をいただいたすべての企業人、会計事務所様、等々皆々様にこの場を借りて厚く御礼申し上げます。また、執筆にあたり多大なるご尽力を賜りました、㈱メディアサーカスの作間由美子様、飯島洋子様、ＴＡＣ出版の山内良太様に心より厚く御礼申し上げます。

「経営とは、人々を本気にさせてお客様への幸福支援をし続けることにある」と存じます。貴方様のテーブルの向こう側にうどんを待っている方がおられます。その方の好みに合わせて、ふうふう冷ましてから届けるか、熱々のままお食べいただくのか（営業）がうどんの味（品質）以上に問われているような気がいたします。もし、ご縁をいただけましたら、この続きをお話しさせていただく機会に改めてご挨拶させていただこうと存じます。貴方様にお読みいただき、光栄の極みに存じます。実践が実を結び、貴社が突き抜ける成長を遂げられること、心よりお祈り申し上げます。

村上　和徳

主な参考文献

『PSYCHO-CYBERNETICS』 MAXWELL MAITZ.M.D.,F.I.C.S
『ハイパワー・マーケティング』 ジェイエイブラハム著 金森重樹監訳
『USP』 ロッサー・リーブス 加藤洋一監訳 近藤隆文訳
『人間知の心理学』 アルフレート・アドラー 高尾 利数訳
『影響力の武器』 ロバート・B・チャルディーニ
『ある広告人の告白』 デイヴィッド・オグルヴィ 山内あゆ子訳
『Organizational Learning』 Chris Argyris
『H・ミンツバーグ経営論』 ヘンリー・ミンツバーグ著 ダイヤモンドハーバード・ビジネスレビュー著
『フラット化する世界 上下』 トーマス・フリードマン 伏見威蕃訳
『クラウゼヴィッツ強い企業の戦法』 中森鎮雄監修 三菱総合研究所
『勝ち続ける経営』 原田泳幸著
『波動進化する世界文明』 村山節著
『ストーリーとしての競争戦略』 楠木建著
『第6の波』 ジェームズ・ブラッドフィールド・ムーディ&ビアンカ・ノグレディー 峯村利哉訳
『ブランド・ポートフォリオ戦略』 デービッド・A・アーカー著 阿久津聡訳
『グローバルビジネスの隠れたチャンピオン企業』 ハーマン・サイモン著 上田隆穂監訳 渡部典子訳
『なぜ、あの会社は儲かるのか? ビジネスモデル編』 山田英夫著
『WORK SHIFT』 リンダ・グラットン著 池村千秋訳
『リバース・イノベーション』 ビジャイ・ゴビンダラジャン+クリス・トリンブル著 渡辺典子訳 小林喜一郎解説

『失敗の本質―日本軍の組織論的研究―』 戸部良一 寺本義也 鎌田伸一 杉之尾孝生 村井友秀 野中郁次郎著
『戦略の本質』 野中郁次郎 戸部良一 鎌田伸一 寺本義也 杉之尾宜生 村井友秀著
『クラッシュ マーケティング』 ジェイ・エイブラハム 金森重樹監訳
『自滅する選択』 池田 新介
『プロフェッショナルの原点』 P.F.ドラッカー、ジョセフ・A・マチャレロ著 上田惇生訳
『平時の指揮官、有事の指揮官』 佐々淳行著
『社長の仕事』 浜口隆則著
『働かないアリに意義がある』 長谷川英祐著
『植物はすごい』 田中 修著
『危機克服の極意』 孫正義著
『「負けるが勝ち」の生き残り戦略』 秦中啓一著
『シュガーマンのマーケティング30の法則』 ジョセフ・シュガーマン著 佐藤昌弘監訳/石原薫訳
『The Archetypes and the Collective Unconscious (1968)』 Carl Jung
『The Servant Leader』 Ken Blanchard and Phil Hodges
『本物のリーダーとは何か』 ウォーレン・ベニス/バート・ナナス著 伊藤奈美子訳
『ワンダーマンの売る広告』 レスター・ワンダーマン著 藤田浩二監訳 株式会社電通ワンダーマン監修
『禅と経営』 飯塚保人著
『ザ・ブランド』 ナンシー・ケーン著 樫村志保訳

■著者紹介

村上和徳（むらかみ　かずのり）

ハートアンドブレイン株式会社代表取締役。
1968年、千葉県生まれ。従業員10万名規模の東証一部上場企業から10名規模のベンチャー企業に至るまで、幅広い規模の企業で経営参謀を務める。過去には年商8,000万円のベンチャー企業をわずか4年足らずで年商18億円（経常利益約4億円）に急成長させたほか、とある東証一部上場企業においては成績下位30%（約2000名中）に低迷していた営業マンを1年でトップ30%以内にランクインさせるなど豊富な実績を持ち、人材のパフォーマンスを数値・測定化する同社独自の「SLP式営業力強化プログラム」は数多くの企業経営者から高い評価を得ている。

SLP理論（セルフ・リーダーシップ・プロセス理論）
自らの目標達成を目的として無意識の力（サーボメカニズム）を覚醒させるための行動理論。ハートアンドブレイン㈱の登録商標。

ハートアンドブレイン株式会社　　http://www.heartandbrain.co.jp/
「突き抜ける経営」プロジェクト　　http://hbc-seminar.jp/

■執筆協力・図版作成　メディア・サーカス
■ブックデザイン　小林祐司

突《つ》き抜《ぬ》ける経営《けいえい》

2013年4月1日　初　版　第1刷発行
2013年5月1日　初　版　第2刷発行

著　　者　村　上　和　徳
発 行 者　斎　藤　博　明
発 行 所　TAC株式会社　出版事業部（TAC出版）
〒101-8383 東京都千代田区三崎町3-2-18 西村ビル
電話 03(5276)9492(営業)
FAX 03(5276)9674
http://www.tac-school.co.jp
組　　版　株式会社　三　協　美　術
印　　刷　株式会社　光　　邦
製　　本　東京美術紙工協業組合

ISBN 978-4-8132-5200-9